Saskia Zimmermann

SALU SALO

Food • Stories • People

Eine Liebeserklärung an die Philippinen
und ihre Küche

Impressum

Lektorat, Korrektorat: Nicole Brettnich
Fotografie: Saskia Zimmermann
Umschlaggestaltung, Illustration: Naidielee D.L.

Druck und Vertrieb im Auftrag der Autorin: Buchschmiede von Dataform Media GmbH, Wien; www.buchschmiede.at - Folge deinem Buchgefühl!

ISBN:
978-3-99152-634-6 (Paperback)
978-3-99152-635-3 (E-Book)

PRINTED IN AUSTRIA

Inhaltsverzeichnis

Mabuhay oder herzlich willkommen!

Mit diesem Buch möchte ich dich mit auf die Philippinen nehmen. Ein Land, das aus mehr als 7.000 Inseln besteht. Ein Land, das für mich meine zweite Heimat geworden ist. Die Philippinen sind ein Land voller Gegensätze. Auf der einen Seite stehen Naturkatastrophen, Korruption und Armut, auf der anderen Seite paradiesische Landschaften mit feinen Sandstränden, glasklarem Wasser, tropischen Regenwäldern, nebelbesetzten Bergen und Reisterrassen. Keine Insel ist wie die andere und es würde sehr wahrscheinlich mehrere Leben dauern, all die einzigartigen Orte zu besuchen. In keinem anderen Land konnte ich so zur Ruhe kommen und geriet gleichzeitig ins Staunen über die atemberaubende Schönheit der Natur und die Freundlichkeit der Menschen. Das südostasiatische Land hat mich schon lange in seinen Bann gezogen.

Meine Eindrücke möchte ich hier mit dir teilen. Du wirst viel über die Philippinen, die Menschen dort und ihre Traditionen lernen. Ein besonderes Augenmerk werde ich dabei auch auf die philippinische Küche legen, da Essen in der philippinischen Kultur eine große Rolle spielt. Der Ausdruck „Salu Salo" bedeutet „Geselliges Beisammensein", und was ist da naheliegender als dies mit einem gemeinsamen Essen zu verbinden. Liebe geht bekanntlich durch den Magen und so möchte ich dir in diesem Buch meine absoluten Lieblingsrezepte der philippinischen Küche vorstellen.

„It's more fun in the Philippines" war nicht ohne Grund lange Zeit der offizielle Slogan der Tourismusindustrie. Doch auch fernab touristischer Gebiete kann man sich in die Philippinen einfach nur verlieben. Auch ich bin verliebt und dies ist meine persönliche Liebeserklärung.

Mayroong kasamang pagmamahal

Saskia

Geografie

Lange Zeit bestanden die Philippinen offiziell aus 7.107 Inseln. Dies hatte eine Zählung im Jahre 1945 ergeben. Im November 2019 wurden mithilfe eines neuen Radarsystems 534 „neue“ Inseln entdeckt. Folglich besteht der Archipel heute aus 7.641 Inseln. Bewohnbar sind allerdings nur rund ein Viertel der Inseln. Bei einigen Inseln handelt es sich lediglich um Sandansammlungen, die auch nach einer Weile im Wasser wieder verschwinden können. Andere wiederum sind vulkanischen Ursprungs.

Die Philippinen bzw. die Republik der Philippinen sind ein südostasiatisches Land im Westpazifik mit circa 111 Millionen Einwohnern, die sich auf einer 300.000 Quadratkilometer großen Fläche verteilen.

Der Archipel lässt sich in drei große Inselgruppen aufteilen:

Luzon

Im Norden befindet sich die größte Insel Luzon mit der Hauptstadt Manila. Landschaftlich geprägt durch Flachland und Gebirgsketten im nördlichen Teil und Vulkanen im Süden. Zu Luzon zählen unter anderem auch Palawan mit Puerto Princesa und El Nido.

Visayas

Zu den Visayas gehören unter anderem Boracay, Dumaguete, Cebu, Leyte, Negros, Bohol und Siquior mit touristischen Attraktionen wie Chocolate Hills, Kawasan Falls, Oslob mit seinen Walhaien und Alona Beach auf Panglao. Landschaftlich wird diese Inselgruppe durch glasklares Wasser, schneeweiße Strände und abwechslungsreiche Natur geprägt.

Mindanao

Die südlichste Inselgruppe Mindanao umfasst unter anderem Davao, Sulu-Archipel und Siargao, den Surfer-Hotspot. Hier befinden sich auch einige der höchsten Berge wie zum Beispiel Apo, ein 2.954 Meter hoher schlafender Vulkan, der zu der Vulkankette Central Mindanao Arc gehört.

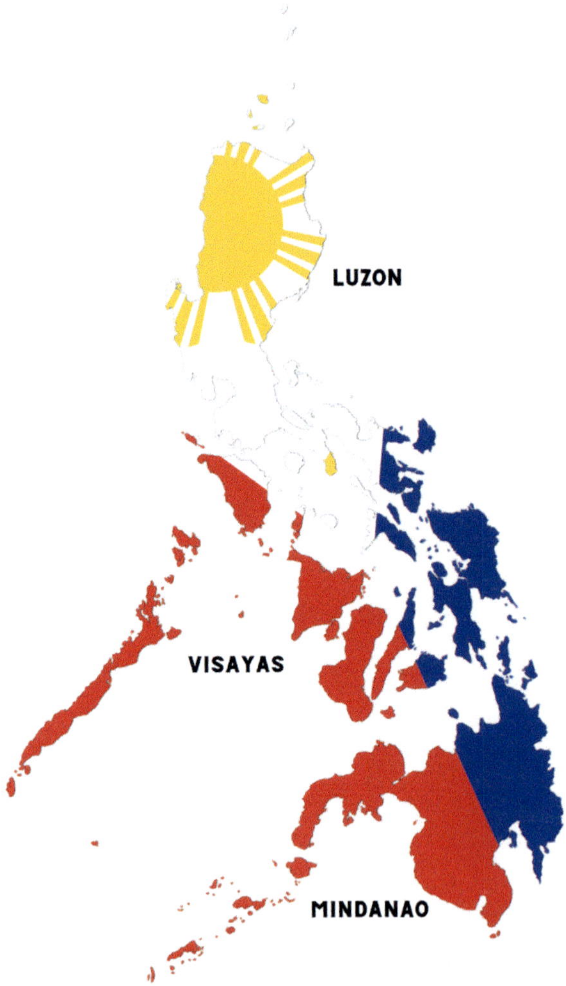

Auf den Philippinen gibt es mehr als 20 aktive Vulkane. Viele davon befinden sich auf der Inselgruppe Luzon. So auch Pinatubo, Mayon und Taal, die immer wieder Schauplätze schwerer Ausbrüche mit Todesopfern und Groß-Evakuierungen sind. Ein weiterer Vulkan, dem bei einem Ausbruch 1951 rund 3.000 Menschen zum Opfer fielen, ist Hibok-Hibok auf Camiguin.

Der längste Fluss der Philippinen ist Cagayan (Rio Grande de Cagayan) auf der Insel Luzon. Weitere große Flüsse sind Abra River, Pampanga River, Bicol und Chico, der für seine Wildwasserfahrten berühmt ist.

Laguna Bay ist der größte See und befindet sich auf Luzon. Lake Lanao auf der Insel Mindanao ist hingegen der tiefste See. Weitere Seen sind der schwefelhaltige Lake Taal (Luzon), Lake Sebu (Mindanao), Lake Bato (Luzon) und Lake Danao (Leyte).

Die Sulusee mit einer Maximaltiefe von 7.025 Metern ist ein Meergebiet, das sich mit rund 420.000 Quadratkilometern zwischen den nordöstlichen Visaya-Inseln, der östlich gelegenen Insel Mindanao, dem südöstlichen Sulu-Archipel, dem südwestlichen Borneo und dem nordwestlichen Palawan erstreckt. In dieser Region kommt es immer wieder zu Überfällen durch Piraten, weshalb es als eines der gefährlichsten Seegebiete gilt.

Bei dem Celebessee handelt es sich um ein Randmeer, das im Süden an Sulawesi, im Westen an Borneo und im Nordosten an Mindanao angrenzt. Die Maximaltiefe beträgt 6.220 Meter.

Ein weiteres Randmeer ist das sogenannte Philippinische Meer oder auch Philippinensee genannt. Es umfasst eine Fläche von 5 Millionen Quadratkilometern und zählt mit einer Maximaltiefe von 10.540 Metern zu den tiefsten Meeren der Welt. Das Philippinische Meer grenzt im Norden an Japan, im Süden an Palau, im Osten an die Marianen und im Westen an Taiwan und die Philippinen.

Das wohl konfliktreichste Seegebiet ist das 3 Millionen Quadratkilometer große Südchinesische Meer, das im Westen an die Philippinen grenzt. Weitere Länder, die an das Südchinesische Meer grenzen, sind Thailand, Kambodscha, Vietnam, Malaysia, Indonesien, Singapur, Hong Kong, Taiwan und China. Immer wieder kommt es zu Territorialkonflikten mit der

Volksrepublik China, da Peking ohne rechtliche Grundlage 80 % des Südchinesischen Meeres für sich beansprucht.
Dieses Seegebiet gilt aufgrund des Fischvorkommens und der Energiereserven an Erdöl als eines der rohstoffreichsten Gebiete weltweit. Außerdem ist es durch seine wichtigen Schifffahrtsstraßen von enormer strategischer Bedeutung. Die Volksrepublik China möchte die Versorgungsstraßen (unter anderem für Tankerschiffe), die Fischfangmengen sowie das Erdöl- und Erdgasvorkommen nicht nur kontrollieren, sondern auch besitzen.
Die Philippinen klagten daraufhin 2013 vor dem internationalen Schiedsgerichtshof in Den Haag. 2016 fiel das Urteil zu Gunsten der Philippinen aus, chinesische Ansprüche wurden mit dem Urteil zurückgewiesen. Dieses Urteil wird von Peking ignoriert und nicht anerkannt. China versucht seitdem, künstliche Inseln zu erschaffen und somit die Seerechtskonvention der Vereinten Nationen zu umgehen. Auch hierbei wird die Nicht-Gültigkeit dieses Vorgehens seitens Pekings ignoriert.

Für die Philippinen gilt die Zeitzone UTC +8 Stunden und es gibt keine Sommerzeit, weshalb der Zeitunterschied zu unserer mitteleuropäischen Standardzeit +7 Stunden oder eben im Sommer +6 Stunden beträgt.

Das philippinische Wetter ist aufgrund der Größe des Inselstaates regional unterschiedlich. Während die nördlichen und zentralen Inseln ganzjährig tropisches Klima aufweisen, herrscht auf den südlicheren Inseln Äquatorklima. Lediglich in den Bergregionen ist es etwas kühler. Das Jahr gliedert sich in Trockenzeit (Dezember bis Mai) und Regenzeit (Juni bis November). Taifune treten vor allem in den Monaten August bis November auf. Taifune können auf den Philippinen Windgeschwindigkeiten von bis zu 240 Stundenkilometern erreichen und verheerende Auswirkungen haben.

Doch nicht nur aufgrund zahlreicher Taifune (circa 20 pro Jahr), sondern auch wegen Erdbeben, Vulkanausbrüchen, den Auswirkungen des Klimawandels und anderen Naturkatastrophen zählen die Philippinen zu den am stärksten betroffenen Ländern der Welt. Die Lage am sogenannten „Ring of Fire“ einer Region im Pazifik spielt dabei eine große Rolle. Es handelt sich um den längsten Vulkangürtel der Welt, der rund 450 aktive Vulkane umfasst, und zudem seismisch sehr aktiv und folglich für fast 90 % aller Erdbeben verantwortlich ist.

Zu den stärksten Naturkatastrophen auf den Philippinen der vergangenen Jahre gehören unter anderem:

2022: Erdbeben auf Luzon mit einer Stärke von 7,0
2022: Taifun Noru der Kategorie 5
2021: Taifun Odette der Kategorie 5
2020: Vulkanausbruch Taal der Stärke 4
2020: Taifun Rolly der Kategorie 5
2020: Taifun Ulysses der Kategorie 4
2018: Taifun Ompong der Kategorie 5
2016: Taifun Haima der Kategorie 5
2015: Taifun Lando der Kategorie 5
2014: Taifun Ruby der Kategorie 5
2014: Taifun Glenda der Kategorie 5
2013: Taifun Yolanda der Kategorie 5
2013: Erdbeben auf Bohol, Siquior und Cebu mit einer Stärke von 7,2
2012: Taifun Pablo der Kategorie 5
2012: Erdrutsch in Pantukan auf Mindanao
2011: Taifun Pedring der Kategorie 4
2011: Sturzfluten durch Tropensturm Washi
2010: Taifun Juan der Kategorie 5
2009: Taifun Pepeng der Kategorie 4
2008: Taifun Fengshen der Kategorie 3
2006: Taifun Durian der Kategorie 4
2006: Erdrutsch in Guinsaugon auf Leyte
2006: Vulkanausbruch Mayon der Stärke 1
2004: Taifun Ibiang der Kategorie 5
2002: Erdbeben auf Mindanao mit einer Stärke von 7,5

Während Naturkatastrophen das Land immer wieder erschüttern, sind es auf der anderen Seite gerade Naturwunder, die die Philippinen so einzigartig machen. Neben traumhaftschönen Sandstränden gibt es einige besonders faszinierende Naturschauplätze:

Chocolate Hills

Um die Entstehung der Schokoladenhügel von Bohol rangen sich viele Mythen. Die in der Regel 30 bis 50 Meter hohen Kalksteinhügel sind mit Gras bedeckt, das ihnen bei Trockenheit einen braunen Mantel verleiht und sie wie riesige Schokoladenberge aussehen lässt. Der höchste Hügel ist fast 120 Meter hoch. Doch Bohol hat noch mehr zu bieten. Es ist die Heimat einer winzigen Affenart. Der Tarsier (Koboldmaki) wiegt lediglich 110 bis 150 Gramm.

Taucherparadiese

Auf den Philippinen gibt es eine enorme Artendichte und eine wunderschöne Unterwasserwelt mit einzigartigen Korallenriffen. Ein besonders schönes Riff ist das Tubbataha-Riff in der Provinz Palawan, das zum Weltnaturerbe gehört.

Pink Beach

Einen märchenhaften pinken Strand findet man auf Great Santa Cruz Island in der Provinz Zamboanga del Sur. Einheimische rote Korallen, die sich pulverisieren und mit Sand mischen, sind für dieses Naturwunder verantwortlich.

Reisterrassen

Das Bergvolk der Ifugao baut seit über 2.000 Jahren Reis in der Region rund um Banaue auf der Insel Luzon an. Die sogenannten „Stufen zum Himmel" wurden nicht nur zum Weltkulturerbe ernannt, sondern werden auch häufig als das 8. Weltwunder bezeichnet.
Im nahegelegenen Bergdorf Sagada befinden sich die Hängenden Särge, eine Art Grabstätte im Felsen. Das Volk der Igorots glaubt, dass die Toten unter der Erde ersticken und die Seelen nur bei einer Felsbestattung frei sind. Oftmals befindet sich neben dem Sarg auch ein Stuhl, der sogenannte Totenstuhl. Der Verstorbene wird zunächst auf einen Stuhl gesetzt, da dies an die Position im Mutterleib erinnern soll, bevor er in ein Totentuch gehüllt und mit angewinkelten Knien in den Holzsarg gelegt wird. Der Stuhl wird anschließend neben den beschrifteten Sarg an die Felswand gehängt.

Taal Vulkan

„Die Insel in einem See auf einer Insel in einem See auf einer Insel" hört sich kompliziert an und man muss es sehr wahrscheinlich gesehen haben. Vor langer Zeit entstand bei Vulkanausbrüchen ein Krater, in dem sich zunächst ein See bildete. Zu einem späteren Zeitpunkt entstand in diesem See eine neue Vulkaninsel und somit der heutige 400 Meter hohe Taal-Vulkan. Der Taal befindet sich rund 60 Kilometer südlich der Hauptstadt Manila in der Provinz Batangas und ist einer der aktivsten Vulkane des Landes. Der See und die Vulkaninsel wurden 1996 zum Nationalpark ernannt und sind sowohl für Einheimische als auch für Touristen ein angesagtes Ausflugsziel.

Sabang

Der sogenannte St. Paul Undergroundriver, ein unterirdischer Fluss auf der Insel Palawan mit einer Länge von mehr als 8 Kilometern ist einer der längsten der Welt. Der Höhlenkomplex mit Tropfsteinen und Grotten kann teilweise mit Ruderbooten besichtigt werden und lockt jährlich tausende Touristen in den Nationalpark.

Biri Island

Im Norden Samars befinden sich die 7 Felsen der Biri Rock Formations, die wie von Künstlerhand erschaffen scheinen. Diese Felsformationen waren bereits Schauplatz einiger Filmproduktionen.

Trotz zahlreicher Naturwunder ist die Armut auf den Philippinen groß. Es gibt keine soziale Absicherung. Dennoch scheinen die Menschen stets fröhlich zu sein. Der Glaube an Gott gibt den Einheimischen die Kraft, alles so zu nehmen, wie es kommt, und jede noch so große Katastrophe zu überstehen.
Von der Armut sind besonders Kinder betroffen. So ist es keine Seltenheit, dass Kinder Papier, Plastik, Flaschen oder Metall sammeln oder betteln.
Die Landflucht ist groß. Viele zieht es von den Provinzen in die großen Städte oder sogar ins Ausland. Ehen mit Ausländern werden als Möglichkeit für ein besseres Leben gesehen, ebenso die Arbeit auf See oder in einem anderen Land. Die Arbeitsmigration beispielsweise als Kindermädchen, Krankenschwester, Haushaltshilfe, Altenpfleger, Koch oder eben als Seeleute zieht rund 9 % der philippinischen Bevölkerung ins Ausland. Der Nahe Osten und Ostasien sind die größten Arbeitgeberländer. Die guten Englischkenntnisse und die fleißige Arbeitseinstellung machen das philippinische Volk zu gern gesehenen, billigen

Arbeitskräften. Jährlich werden so durch sogenannte OFWs (Oversea Filipino Workers) Milliarden von Dollar auf den Inselstaat überwiesen.

Island Hopping

Türkisblaues Wasser, weiße Sandstrände, Wasserfälle und atemberaubende Naturphänomene machen die Philippinen zur perfekten Urlaubsdestination. Es wollen 7.641 Inseln erkundet werden. Folglich sollte man bei seinem Aufenthalt nicht nur an einem Ort verweilen, sondern das sogenannte Island Hopping wagen.

Diese Art des Reisens ist schon lange bei den Einheimischen üblich und erfreut sich inzwischen auch zunehmender Beliebtheit bei internationalen Touristen.

Die beachtliche Anzahl von kleineren und größeren Inseln, die alle ihren ganz eigenen Charme haben, lassen die Herzen Reisender höherschlagen. Nicht nur bekannte Sehenswürdigkeiten, sondern auch versteckte Naturschönheiten, sowie inseleigene Traditionen und Feste machen einen Urlaub im Inselparadies zu einem unvergesslichen Erlebnis.

Besonders Inselneulinge sollten bei der Planung einiges beachten:

Zeit

Die Uhren ticken anders und Pünktlichkeit sollte man keineswegs erwarten. Nicht immer sind Menschen an Ausfällen und Verspätungen schuld. Vor allem die Wetterlage auf dem Inselstaat kann Transportmöglichkeiten einschränken oder eine Weiterreise gar ganz zunichtemachen. Aus diesem Grund ist es sinnvoll am Tag der An- und Abreise einen zeitlichen

Puffer einzuplanen. Somit erspart man sich, dass der Urlaub mit Hektik beginnt oder die gewonnene Entspannung am Ende direkt wieder in Stress übergeht. Eine Zwischen-Übernachtung kann je nach Reiseplan Sinn machen.

Doch auch auf den Inseln selbst sollte man etwas Zeit einplanen. Nicht nur bei Hauptdestinationen, sondern ebenso bei kleineren Inseln sind drei bis fünf Übernachtungen durchaus sinnvoll. Oftmals werden Tagestouren zu den ganz kleinen Inseln angeboten, so dass man nicht jedes Mal mit Gepäck reisen muss und trotzdem weitere Inseln erkunden kann. Vor Ort findet man meist schnell geeignete Anbieter.

Reihenfolge

Bereits bei der Planung sollte auf eine sinnvolle Insel-Reihenfolge geachtet werden. Oftmals muss man trotz geografischer Nähe einen Umweg einplanen, denn nicht jede Insel ist mit jeder Insel verbunden. Direkte Flugverbindungen sind meist nur von den größten Flughäfen möglich. Boot- und Fährverbindungen sind nicht nur wetterabhängig, sondern auch nicht jederzeit verfügbar.

Gepäck

Am einfachsten ist Island Hopping mit einem Rucksack. Dieser lässt sich überall gut verstauen und man muss nicht erst lange auf seinen Koffer warten. Zudem sind einheimische Transportmittel eher mit Rucksack nutzbar als mit einem riesigen Koffer. Auch das Passieren von Wasser und Sand ist mit einem Rucksack leichter. Im Idealfall ist der Rucksack wasserdicht oder besitzt einen Regenschutz.

Wasserdicht sollten die wichtigsten Dinge verpackt werden. So kann es vor allem bei Bootsfahrten sinnvoll sein, die Elektrogeräte und den Reisepass in einem ZIP-Beutel zu verstauen.

Packlisten sind meist sehr individuell. Grundsätzlich sind bequeme und kombinierbare Kleidungsstücke, Badekleidung und Badeschuhe, Sonnencreme, Unterwasserkamera, wasserdichte Handyhülle, wiederverwendbare Wasserflasche, eine kleine Reiseapotheke und ausreichend Bargeld notwendig. Auf Kreditkarten sollte man sich zumindest bei den kleineren Inseln nicht verlassen.

Medizinische Versorgung

Ist man auf eine regelmäßige medizinische Versorgung angewiesen, sollte man sich ebenfalls vorher erkundigen, auf welchen Inseln es Krankenhäuser gibt und wie diese ausgestattet sind. Sollte man einen Unfall haben, bleibt nur zu hoffen, dass es eine schnelle Verbindung zur nächsten Stadt gibt.

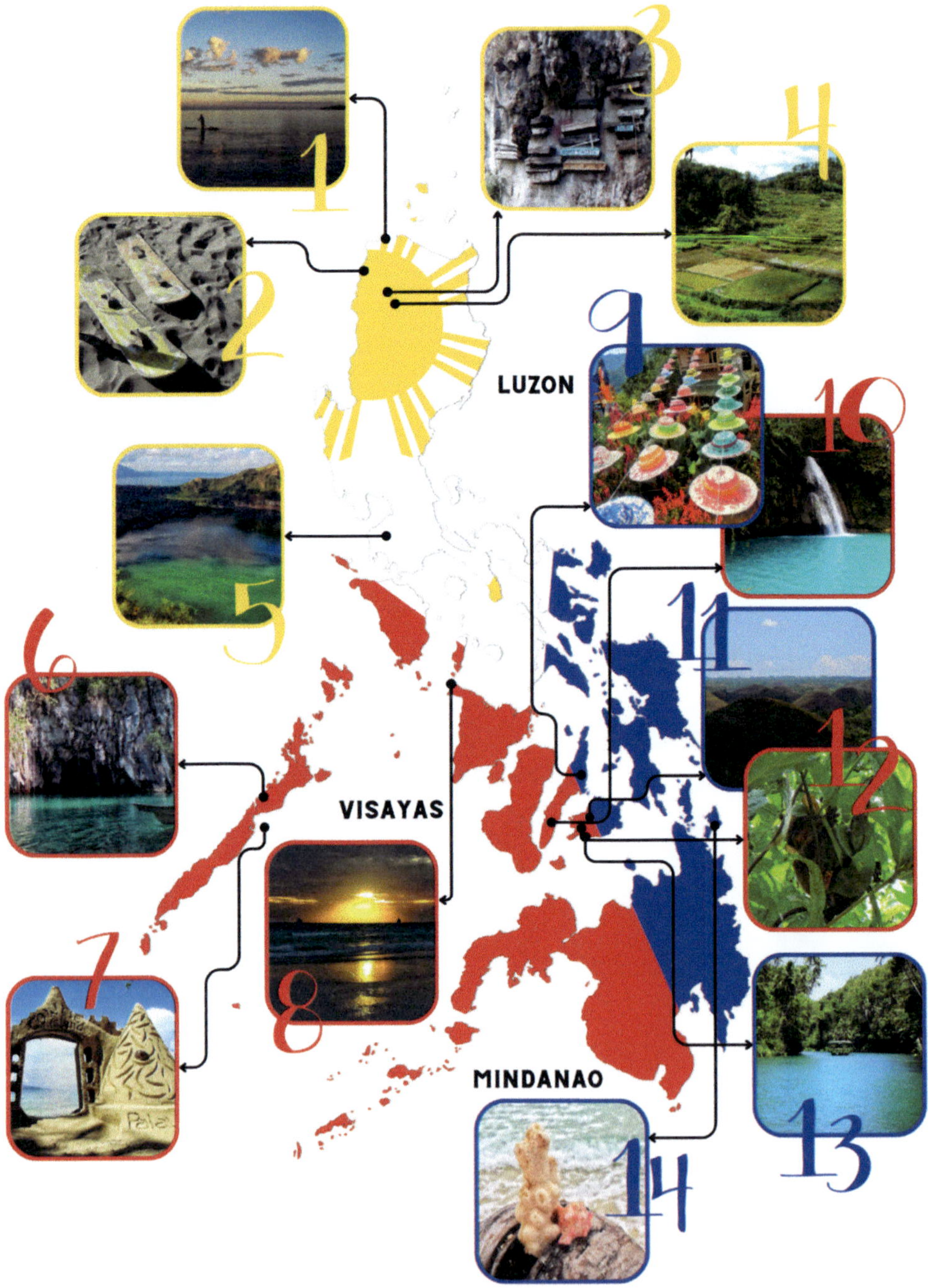
1
2
3
4
5
6
7
8
9
10
11
12
13
14
LUZON
VISAYAS
MINDANAO

LET'S GO ISLAND HOPPING!

1. Mache einen Morgenspaziergang am Strand von Pagudpud.
2. Probiere Sandboarding in Paoay.
3. Besuche die Hängenden Särge von Sagada.
4. Wandere zwischen den Reisterrassen von Banaue.
5. Wage dich zum Taal Vulkan und somit zur kleinen Insel in einem See auf einer Insel in einem See.
6. Fahre mit einem Boot den unterirdischen Fluss auf der Insel Palawan entlang.
7. Lass dich auf Cowrie Island mit besonderen Fotoeffekten fotografieren.
8. Erlebe einen wunderschönen Sonnenuntergang am Strand von Boracay.
9. Tauche ein in ein Paradies aus Blumen und Skulpturen im Sirao Garden auf der Insel Cebu.
10. Überzeuge dich selbst vom Türkis der Kawasan Wasserfälle.
11. Bestaune die Chocolate Hills im Herzen der Insel Bohol.
12. Treffe den winzigen Koboldmaki im Schutzgebiet auf der Insel Bohol.
13. Genieße bei Musik und Tanzdarbietung ein schmackhaftes Buffet auf dem smaragdgrünen Loboc River.
14. Lerne Surfen oder entspanne an einem der traumhaften Strände von Siargao.

Touren

Bei den dargestellten Routen handelt es sich lediglich um Beispiele, die beliebig zusammengestellt werden können. Der größte zu berücksichtigende Faktor ist die Reisedauer. Man sollte lieber weniger Inseln einplanen und diese dafür intensiv erkunden. Fast überall werden Tagestouren (privat oder in einer Gruppe) angeboten. Die aufgelisteten Sehenswürdigkeiten sind keineswegs vollständig und sollten vor Anreise auf Aktualität geprüft werden. Ebenso verhält es sich mit den Flug- und Fährverbindungen.

Tour A

BORACAY – White Beach, Willy's Rock, Friday Beach, Puka Shell Beach, Diniwid Beach, Ilig-Iligan Beach, Mount Luho, Ariel's Point, Motag Living Museum, Crystal Cove Island

CEBU – Kawasan Falls, Montpellier Falls, Mantayupan Falls, Fort San Pedro, Basilica Del Santo Niño, Magellan's Cross, Taoist Temple, Temple of Leah, Sirao Flower Garden, 10.000 Roses Café

SURIGAO DEL NORTE / SIARGAO – Naked Island, Daku Island, Guyam Island, Corregidor Island, Surf Cloud 9, Sugba Lagoon, Sohoton Cove National Park, Magpupungko Rock Fornation & Pools, Maasin River, Coconut Tree Road, Catangnan Bridge

Tour B

NEGROS ORIENTAL / DUMAGUETE – Pulangbato Falls, Mount Talinis, Rizal Boulevard, Twin Lakes National-park, Casaroro Falls, Omoyon Bee Farm, Sugar Beach Sipalay

APO ISLAND – View Point, Marine Sanctuary, Lighthouse

CAMIGUIN – White Island, Mantigue Island Nature Park, Sunken Cemetery, Tuasan Falls, Katibawasan Falls, Guiob Church Ruins, Burias Shoal, St. Niño Cold Spring, Ardent Hot Spring, Bura Soda Water Pool, Mount Hibok-Hibok, Taguines Lagoon

SIQUIJOR – Cambugahay Falls, Cantabon Cave, Butterfly Sanctuary, Tubod Marine Sanctuary & Beach, Old Enchanted Balete Tree & Fish Spa, Paliton Beach, Mount Bandilaan National Park, Salagdoong Beach

Tour C

PALAWAN/ PUERTO PRINCESA – Puerto Princesa, Honda Bay, Cowrie Island, Snake Island, Pandan Island, Luli Island, Wildlife Rescue & Conservation, Butterfly Ecological Garden & Tribal Village, Subterranean River National Park, Tagkuringring Falls, Tibag Falls, Port Barton

PALAWAN/ EL NIDO – Cabanas Beach, Small Lagoon, Secret La-goon, Entalula Beach, Hidden Beach, Ipil Beach, Cadlao Lagoon, Nacpan Beach, Duli Beach

PALAWAN/ CORON – Mount Tapyas, Makinit Hot Springs, Ocam Ocam Beach, Calauit Safari Park, Kayangan Lake, Twin Lagoon, Skeleton Wrack, Twin Peaks Coral Garden, Banol Beach, Barracuda Lake, Banana Island, Pass Island

Tour D

BOHOL – Chocolate Hills, Loboc River, Philippine Tarsier Sanctuary, Blood Pact Shrine, Baclayon Church, Danao Adventure Park, Cathedral of San Jose, Panglao Island, Balicasag Reef, Cabilao Island

CEBU – Kawasan Falls, Montpellier Falls, Mantayupan Falls, Fort San Pedro, Basilica Del Santo Niño, Magellan's Cross, Taoist Temple, Temple of Leah, Sirao Flower Garden, 10.000 Roses Café

BANTAYAN – Baigad Lagoon Beach, Maalat Baywalk, Kota Park, St, Peter and Paul Church, Virgin Island, Omagieca Mangrove Garden

Tour E

LUZON/ NORTH – Pagudpud, Bangui Windmills, Kapurpurawan Rock Formation, Cape Bojeador Lighthouse, San Augustin Church of Paoay, Paoay Sand Dunes, Pangil Coral Rock Formation, Vigan City (Dancing Fountain, Hidden Garden, Syquia Manson, Crisologo Museum, Padre Burgos House), Sagada (Echo Valley, Bomodok Falls, Marlboro Hill, Sumaguing Cave, Blue Soil Hills), Bontoc, Banaue (Batad Rice Terraces, Bangaan Ifugao Rice Terraces), Baguio (Botanical Garden, Burnham Park, Our Lady of Atonement Cathedral, Our Lady of Lourdes Grotto, Mines View Park, Tam-Awan Village, Strawberry Farm, Colorful Houses of Stobosa, Ifugao Woodcarver's Village), Hundred Islands Nationalpark Pangasinan

LUZON/ CENTRAL – Manila (Fort Santiago, Intramuros, San Augustin Church, Rizal Park, Ocean Park, Divisoria Market, Binondo), Corregidor Island (Malinta Tunnel)

LUZON/ SOUTH – Batangas (Taal Volcano, Lake Taal, Tagaytay Picnic Grove, Sky Ranch, Yoki's Farm, Matabungkay Beach, Mount Gulugod Mabini, Tingloy Island)
Alternativ: Hot Springs Laguna, Kwebang Lampas Pagbilao

Tour F

LUZON/ SOUTH – Batangas (Taal Volcano, Lake Taal, Tagaytay Picnic Grove, Sky Ranch, Yoki's Farm, Matabungkay Beach, Mount Gulugod Mabini, Tingloy Island)

ORIENTAL MINDORO/ PUERTO GALERA – White Beach, Tukuran Falls, Tamaraw Falls, Talipanan Falls, Mangyan Village

ROMBLON – Bon Bon Beach, Nonok Beach, Tiamban Beach, San Pedro Beach, Calabogo Lighthouse, Fort San Andres, Lugbung Island, Alad Island, Naguso Island

Tour G

CEBU – Kawasan Falls, Montpellier Falls, Mantayupan Falls, Fort San Pedro, Basilica Del Santo Niño, Magellan's Cross, Taoist Temple, Temple of Leah, Sirao Flower Garden, 10.000 Roses Café

BRITANIA ISLANDS – Hagonoy Island, Hiyor-Hiyoran Island, Naked Island, Buslon Island

SAMAL ISLAND – Hagimit Falls, Giant Clam Sanctuary, Canibad Beach, Vanishing Island, Kaputian Beach, Coral Garden Marine Park, Wishing Island

DAVAO – Philippine Eagle Center, Crocodile Park, Mount Apo, San Pedro Cathedral, Japanese Tunnel, Eden Nature Park

Tour H

BICOL – Mayon Volcano, Cagsawa Ruins Park, Caramoan (Lahos Island, Matukad Island, Our Lady of Peach Grotto, Cagbalinad Island, Guinahoan Lighthouse, Tayak Lagoon, Caramoan Peninsula Nationalpark), Matnog (Juag Fish Santuary, Calintaan Island, Subic Beach), Burias Island Masbate (Animasola Island, Tinalisayan Islet and Sandbar, Sombrero Island, San Isidro Beach, St Pascal Baylon Church)

BILIRAN – Tinago Falls, Ulan-Ulan Falls, Dalutan Island, Canaan Hill Farms, Recoletos Falls, Tomalistis Falls

LEYTE – San Juanico Bridge, Kalanggaman Island, Landing Memorial, Lake Danao Nationalpark, Sambawan Island, Napantao Marine Sanctuary, Digyo Island

Tour I

ILOILO – River Esplanade, St Anne Parish Church, Jaro Cathedral, Agho Island

GUIMARAS – Guisi Lighthouse and Beach, Taklong Island National Marine Reserve, Trappist Monastery, Tatlong Pulo Beach, Ave Maria Islet, Baras Cave, Capituguan Cave

NEGROS – Mount Canlaon, Kabilang-bilangan Island, Cadiz City Park, Malocaboc Island, Kansalakan Enchanted River

NEGROS ORIENTAL/ DUMAGUETE – Pulangbato Falls, Mount Talinis, Rizal Boulevard, Twin Lakes Nationalpark, Casaroro Falls, Omoyon Bee Farm, Sugar Beach Sipalay

Landessprache

Nicht umsonst heißt es, dass der Schlüssel zum Herzen der Menschen ihre Sprache ist. Genau aus diesem Grund ist es mir auf meinen Reisen wichtig, wenigstens einige Wörter der Landessprache zu beherrschen. Deshalb habe ich vor meinem ersten Philippinen-Besuch sogar einen Tagalog-Sprachkurs besucht.

Tagalog wird vor allem im Norden und auf Palawan gesprochen. Ursprünglich wurde Tagalog von den Tagalen gesprochen. Diese philippinische Volksgruppe lebt auf der Insel Luzon, hauptsächlich in und um Manila. In der Mitte und im Süden des Landes wird hingegen Visaya (Bisaya)/ Cebuano gesprochen. Generell ist zu sagen, dass es auf den Philippinen mehr als 170 Sprachen gibt. Hinzu kommen viele Dialekte, die sich selbst von Ort zu Ort unterscheiden können. Diese sprachliche Vielfalt ist unter anderem auf die Geschichte des Landes zurückzuführen, auf die ich in einem späteren Kapitel noch genauer eingehen werde.

1937 wurde Tagalog vom Präsidenten Quezon als die am weitesten verbreitete Sprache erklärt. Dies bildete die Grundlage für die seit 1973 offizielle Nationalsprache Filipino/ Pilipino.

Offizielle Landessprache ist neben Filipino jedoch auch Englisch. Ein absoluter Pluspunkt für internationale Touristen, die deshalb selten Verständigungsprobleme haben dürften. Alle offiziellen Dokumente und sogar die meisten Bücher sind in englischer Sprache verfasst.

Trotzdem begegnet man immer wieder Einheimischen, die kaum oder kein Englisch sprechen. Umso verwunderlicher, dass unter anderem Gerichtsurteile lediglich auf Englisch verfasst und an die Parteien geschickt werden.

Aus Erfahrung kann ich sagen, dass sich die Filipinos sehr freuen und respektiert fühlen, wenn man ihre Landessprache etwas beherrscht. Ein „Salamat po“ anstatt einem „Thank you“ hat schon so manchem ein Lächeln ins Gesicht gezaubert.

Genau aus diesem Grund enthält dieses Buch auch einen kleinen Tagalog-Exkurs. Der Fokus liegt nicht auf der Grammatik, sondern auf alltäglichen Situationen. Diese Lernmethode ähnelt der eines Kindes, das in seinem Alltag Wörter in bestimmten Kontexten zunächst passiv erlebt. Mit der Zeit jedoch werden Wörter erkannt, verstanden und aktiv umgesetzt. Das starre Pauken von Vokabeln, losgelöst vom Kontext und von Grammatikregeln, hat mir in der Schule nie Freude bereitet. Aus diesem Grund vertraue ich hier auf die kindlichen Sprachlernprozesse, die ganz intuitiv erfolgen, und gehe nur auf wirklich notwendige Grammatik ein.

Tagalog-Exkurs

Ang Alpabeto / Das Alphabet

Das philippinische Alphabet (das sogenannte Abakada) besteht aus 19 Grundbuchstaben der lateinischen Schrift und dem ergänzenden Ng.

Aa	Bb	Kk	Dd	Ee	Gg	Hh	Ii	Ll	Mn
a	ba	ka	da	e	ga	ha	i	la	ma
Nn	Ng	Oo	Pp	Rr	Ss	Tt	Uu	Ww	Yy
na	nga	o	pa	ra	sa	ta	u	wa	ya

Das moderne Alphabet (das sogenannte Makabagong Alpabetong Filipino) besteht aus insgesamt 28 Buchstaben. Die ursprünglichen 20 Buchstaben des Abakada wurden um 8 Buchstaben (c, f, j, ñ, q, v, x, z) des spanischen Alphabets ergänzt.

Mga Numero / Die Zahlen

1	2	3	4	5	6	7	8	9	10
isa	dalawa	tatlo	apat	lima	anim	pito	walo	siyam	sampu

11-19	20-29	30-39	40-49	50-59
labing	dalawampu ('t)	tatlumpu ('t)	apatnapu ('t)	limampu ('t)
60-69	70-79	80-89	90-99	100
animnapu ('t)	pitumpu ('t)	walumpu ('t)	siyamnapu ('t)	isang daan

200	300	400	500	600
dalawang daan	tatlong daan	apat na raan	limang daan	anim na raan
700	800	900	1.000	2.000
pitong daan	walong daan	siyam na raan	isang libo	dalawang libo
3.000	4.000	5.000		10.000
tatlong libo	apat na libo	limang libo		sampung libo

Ang Pamilya / Die Familie

nanay / Mutter	oder auch ina, inang, inay
tatay / Vater	oder auch ama, amang, itay
magulang / Eltern	
anak / Kind	
bata / Kinder	
kapatid / Geschwister	
ate / große Schwester	bunsong babae / kleine Schwester
kuya / großer Bruder	bunsong lalake / kleiner Bruder
bunso / Jüngste, Jüngster	
lola / Großmutter	ein vorangestelltes „sa tuhod“ bedeutet „Ur-“
lolo / Großvater	
tito / Onkel	
tita / Tante	
pamangkin / Neffe, Nichte	
pinsan / Cousin, Cousine	das Geschlecht wird durch das Ergänzen mit „lalake“ oder „babae“ verdeutlicht
apo / Enkel	
kamag-anak / Verwandte	
kaibigan / Freund, Freundin (platonisch)	
kasintahan / Freund, Freundin (Beziehung)	
asawa ko / Ehemann, Ehefrau	

Ang mga linggo / Die Wochentage

lunes / Montag
martes / Dienstag
miyerkules / Mittwoch
huwebes / Donnerstag
biyernes / Freitag
sabado / Samstag
linggo / Sonntag

Ang mga buwan / Die Monate

enero / Januar
pebrero / Februar
marso / März
abril / April
mayo / Mai
hunyo / Juni
hulyo / Juli
agosto / August
setyembre /September
oktubre / Oktober
nobyembre / November
disyembre / Dezember

Beses / Zeitangaben

1:00	2:00	3:00	4:00	5:00	6:00
ala una	alas dos	alas tres	alas kwatro	alas singko	alas sais
7:00	8:00	9:00	10:00	11:00	12:00
alas siyete	alas otso	alas nuwebe	alas diyes	alas onse	alas dose

Ala una ng madaling araw / 1.00 Uhr
Alas otso y medya ng umaga / 8.30 Uhr
Alas tres kinse ng hapon. / 15.15 Uhr
Ala una y singko. / 1.05 Uhr
Alas dos diyes. / 2.10 Uhr

Anong oras na? / Wie spät ist es?
Sa anong oras? / Um wie viel Uhr?
Gaano katagal? / Wie lange?

ngayon / jetzt
kanina / vorhin
kahapon / gestern

kagabi / letzte Nacht
bukas /morgen
sa susunod na araw / übermorgen
sa susunod na linggo / nächste Woche
sa susunod na buwan / nächsten Monat
sa susunod na taon / nächstes Jahr
ikalawang / übernächste
araw-araw / jeden Tag
maya't maya / ab und zu
lagi / immer

Ang Pronouns / Die Pronomen

ako / ich	
ikaw, ka / du	
siya / er, sie, es	
tayo, kami / wir	„tayo" inklusive des Sprechers, „kami" exklusive des Sprechers
kayo / ihr	wird auch für die Höflichkeitsform Sie verwendet
sila / sie	

ko / mein	
mo / dein	
niya / sein, ihr	
natin, namin / unser	„natin" inklusive des Sprechers, „namin" exklusive des Sprechers
ninyo / euer	
nila / ihr	

Ang mga tanong / Fragewörter

sino / wer
ano / was
paano / wie
bakit / warum
kailan / wann
alin / welche, r, s

saan, nasaan / wo	„saan“ bei Prädikaten (Geschehen), „nasaan“ in Verbindung mit einem Subjekt (Standort)

magkano / wieviel
ilan / wie viele
kanino / wem

Ang katawan / Der Körper

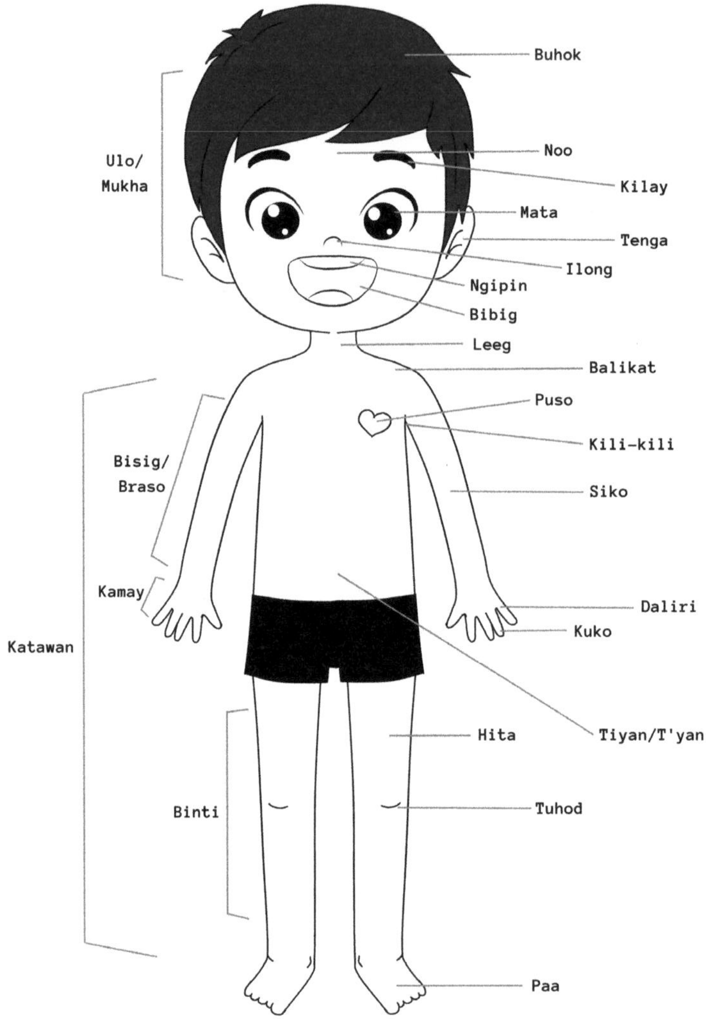

- Lalamunan
- Balat
- Labe
- Suso
- Batok
- Likod
- Puwet

Upang ipakilala / Sich vorstellen

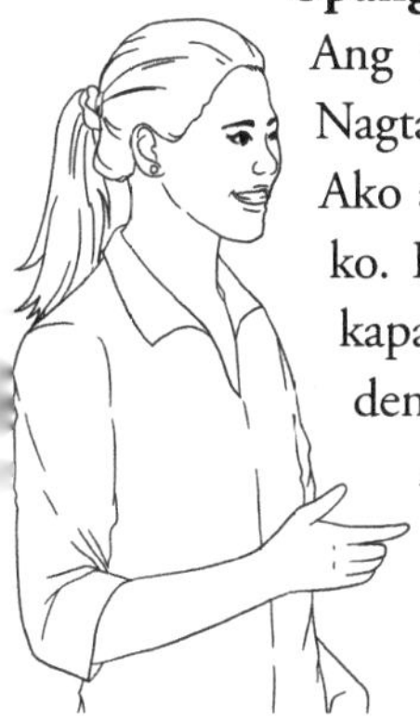

Ang pangalan ko ay si Amanda Flores. Ako ay tatlumpung taong gulang. Nagtatrabaho ako sa Bale Engineering Specialist sa Maynila bilang isang inhinyera. Ako ay kasalukuyang nakatira sa Makati. Taga-Bacoor naman ang mga magulang ko. Ryan at Roshelle ang kanilang pangalan. Michelle naman ang pangalan ng kapatid ko. Siya ay dalawampu't pitong taong gulang at nagtatrabaho bilang isang dentista. Matalino at maganda siya. Ako ay may kasintahang nagngangalang Alvin, siya ay taga-Cebu at nagtatrabaho sa barko bilang isang mandaragat. Libangan ko ang pagbabasa, paglalaro ng basketball at pagkanta sa karaoke. Ako ay may alagang aso.

Mein Name ist Amanda Flores. Ich bin dreißig Jahre alt. Ich bin Ingenieurin bei Bale Engineering Specialist in Manila. Ich wohne zurzeit in Makita. Meine Eltern stammen aus Bacoor. Sie heißen Ryan und Roshelle. Meine Schwester heißt Michelle. Sie ist siebenundzwanzig Jahre alt und arbeitet als Zahnärztin. Sie ist intelligent und schön. Ich habe einen Freund namens Alvin. Er kommt aus Cebu und arbeitet als Seemann auf einem Schiff. Meine Hobbies sind lesen, Basketball spielen und Karaoke singen. Außerdem habe ich einen Hund als Haustier.

Ang pangalan ko ay Brian Santos. Ako ay tatlumpu't anim na taong gulang. Ako ay nagtat-rabaho sa Tagaytay bilang isang abogado. Nakatira ako sa Batangas kasama ang aking asawa at ang aming dalawang anak. Ang pangalan ng asawa ko ay Isabella. Siya ay tatlumpu't dalawang taong gulang. Si Isabella ay isang titser sa Batangas National High School sa Batangas City. Mahilig kaming maglakbay. Kasalukuyan kaming nagpapagawa ng bahay bakasyunan sa Siargao, dahil sobrang gusto namin doon.

Mein Name ist Brian Santos. Ich bin sechsunddreißig Jahre alt. Ich arbeite als Anwalt in Tagaytay. Ich lebe mit meiner Frau und unseren zwei Kindern in Batangas. Meine Frau heißt Isabella. Sie ist zweiunddreißig Jahre alt. Isabella ist Lehrerin an der Batangas National High School in Batangas City. Wir verreisen sehr gerne. Zurzeit bauen wir ein Ferienhaus auf Siargao, da es uns dort sehr gut gefällt.

Maikling pag-uusap / Small talk

Amanda:	Magandang umaga. / Guten Morgen.
Brian:	Magandang umaga naman. Kumusta ka? / Guten Morgen auch. Wie geht es dir?
Amanda:	Mabuti. Ikaw? / Gut. Und dir?
Brian:	Ayos na ayos. / Sehr gut.
Amanda:	Kumusta ang trabaho mo? / Wie ist es auf der Arbeit?
Brian:	Mabuti naman. / Gut.
	Anong bago? / Was gibt es Neues?
Amanda:	Gaya pa rin nang dati. / Alles beim Alten.
Brian:	Kita naman tayo minsan. / Wir sehen uns.
Amanda:	Sige ba, ingat ka lagi. / Okay, pass auf dich auf.

ZUSATZVOKABELN
Magandang tanghali / Guten Mittag
Magandang hapon / Guten Nachmittag
Magandang gabi / Guten Abend
Magandang araw / Guten Tag (ganztägig)
Kumusta po kayo? / Wie geht es Ihnen?
Mabuti rin. / Auch gut.
Ayos lang / In Ordnung.
Okey lang / Geht so.
Masama / Schlecht.
Heto buhay pa. / Ich lebe noch. (philippinische Redensart)

ERKLÄRUNG
Po verwendet man, wenn man mit älteren Personen oder mit Personen in gehobenen Positionen spricht. Ebenfalls wird dann häufig der Titel (zum Beispiel lolo / Großvater) verwendet.

Rin/ din bedeutet „auch“. Dabei wird „rin“ häufig nach Endungen mit einem Vokal verwendet und „din“ bei Endungen mit einem Konsonanten.

Es gibt sogenannte Markers:
Ang markiert einzelne Nomen und Namen von Orten und Dingen.
Ang mga markiert den Plural von Nomen.
Si markiert den einzelnen Namen einer Person oder eines Tieres.
Sina markiert den Namen von mehr als zwei Personen oder Tieren.

Sa Gasolinahan / An der Tankstelle

Trabahante ng gasolinahan: Hi. Ano po ang papa gas nila? Gasolina po o Diesel? / Hi. Was tanken Sie? Benzin oder Diesel?

Brian: Hi. Diesel po. / Hi. Diesel, bitte.

Trabahante ng gasolinahan: Magkano po ang ipapa gas nila? / Wie viel möchten Sie tanken?

Brian: 500 (limang daan) pesos po. Diesel. / Diesel für 500 Pesos, bitte.

Trabahante ng gasolinahan: Okay po. 500 pesos Diesel. Pwede po pakibukas yung takip ng gasolina. / Okay, für 500 Pesos Diesel. Können Sie bitte den Tankdeckel öffnen?

Brian: Okay po. Bukas na po. / Okay, ist offen.

Trabahante ng gasolinahan: Tapos na po. / Fertig.

Brian: Ito po ang bayad. / Hier ist das Geld.

Trabahante ng gasolinahan: Salamat po. Ingat po sila. / Vielen Dank. Fahren Sie vorsichtig.

ZUSATZVOKABELN

Maaari mo bang linisin ang mga bintana? / Können Sie bitte die Scheiben reinigen?

langis ng makina / Motoröl

malamig na tubig / Kühlwasser

windshield / Windschutzscheibe

bintana sa likuran / Heckscheibe

refill / nachfüllen

paupahang sasakyan / Mietwagen

plaka / Nummernschild

presyon ng gulong / Reifendruck

Sa Jeep / Im Jeepney

Amanda:	Mama, Bayad po. / Hier ist das Geld.
Driver:	Ilan? / Wie viele Personen?
Amanda:	Isa lang. / Eine Person.
Driver:	Saan ka bababa? / Wo möchten Sie aussteigen?
Amanda:	Sa Palengke po. / Am Markt.
Driver:	Ito ang sukli mo. / Hier ist Ihr Wechselgeld.
Amanda:	Salamat. Malayo pa ba ang palengke? / Ist der Markt noch weit?
Driver:	Hindi, malapit na. / Nein, wir sind gleich da.
(…)	
Driver:	Nandito na ang palengke. Pwede ka na bumaba. / Hier ist der Markt. Sie können aussteigen.
Amanda:	Sige, salamat po. / Okay, danke.

ZUSATZVOKABELN
Oo / ja
Malayo pa ang palengke. / Der Markt ist noch weit.
Para / Stopp, anhalten
Magkano ang pamasahe hanggang doon? / Wie viel kostet es bis dorthin?
Saan galing? / Wo sind Sie eingestiegen?
Kaka sakay ko lang. / Ich bin gerade erst eingestiegen.

ERKLÄRUNG
Ba verwandelt eine Aussage in eine Frage.
Para wird in Jeepneys verwendet, um dem Fahrer Bescheid zu geben, dass man aussteigen möchte.

Sa taksi / Im Taxi

Driver:	Saan po kayo bababa? / Wo möchten Sie aussteigen?
Brian:	Sa MoA (Mall of Asia). / Bei der MoA (Mall of Asia).
	Magkano po ang bayad? / Was kostet es ungefähr?
Driver:	Nasa 300 (tatlong daan) pesos, po. / Ungefähr 300 Pesos.
	Tumatakbo po ang metro. / Das Taximeter läuft.
Brian:	Sige po, salamat. / Okay, danke.
(…)	
Driver:	Nandito na po tayo. / Wir sind da.
	Ang metro po natin 310 (tatlong daan at sampu) pesos. / Laut Taximeter sind es 310 Pesos.
Brian:	Ito po ang bayad. / Hier ist das Geld.
Driver:	Salamat po. Ingat po sila. / Danke. Passen Sie auf sich auf.

ZUSATZVOKABELN

Simula dito hangang doon may taripa po kami. / Von hier bis dort gibt es einen festen Tarif.
Gaano kalayo papunta doon? / Wie lange fahren wir bis dorthin?
Mga tatlumpung minuto po at depende po sa trapiko. / Ungefähr dreißig Minuten.
Es kommt auf den Verkehr an.

Mag direksyon / Wegbeschreibung

Amanda: Mawalang galang na po. Pwede po bang magtanong. / Entschuldigen Sie. Darf ich Sie etwas fragen?
Dumadaan: Ano po iyon? / Was möchten Sie fragen?
Amanda: Saan po banda ang post office? / Wo ist die Post?
Dumadaan: Doon sa kanto. / Dort um die Ecke.
Amanda: Salamat po. / Danke.

ZUSATZVOKABELN
dito / hier
sa harap / vorne
sa likod / hinten
sa kabila / gegenüber
Hindi ko alam. / Ich weiß es nicht.
Hindi ako taga dito. / Ich bin nicht von hier.
Salamat na lang. / Danke trotzdem.
Kumaliwa kayo. / Sie gehen nach links.
Pagkatapos kumanan kayo. / Danach gehen Sie nach rechts.
Pagkatapos iyon na. / Dann sind Sie da.
sandali lang / einen Augenblick

Sa palengke / Auf dem Markt

Amanda:	Magkano ang pakwan? / Wie viel kosten die Wassermelonen?
Tindera sa palengke:	200 (dalawan daan) pesos, po. / 200 Pesos.
Amanda:	Wala na bang tawad? / Gibt es einen Rabatt?
Tindera sa palengke:	190 (isang daan at siyamnapu) na lang po. / 190 Pesos.
Amanda:	Sige. May mangga ba kayo? / Okay. Haben Sie Mangos?
Tindera sa palengke:	Opo. Ilan po? / Ja. Wie viele möchten Sie?
Amanda:	4 (apat) na piraso lang. / Nur 4 Stück.
Tindera sa palengke:	60 (animnapu) pesos, po. / 60 Pesos.
Amanda:	Magkano lahat? / Was macht das zusammen?
Tindera sa palengke:	250 (dalawang daan at limampu) pesos, po. / 250 Pesos.
Amanda:	Eto ang bayad. / Hier ist das Geld.
Tindera sa palengke:	Salamat po. Balik kayo. / Danke. Kommen Sie wieder.

ZUSATZVOKABELN
masyadong mahal / zu teuer
Ano pa po? / Darf es noch etwas sein?
Wala na po. / Nein, wir haben keine.
Pabili nga po ng mangga. / Ich würde gerne ein paar Mangos kaufen.
saging / Bananen
pinya / Ananas
buko /Kokosnuss
patatas / Kartoffeln

ERKLÄRUNG
Na lang wird verwendet um eine Alternative (zum vorher Gesagten) anzubieten.

Sa department store / Im Kaufhaus

Tindera:	Ano po yun? / Kann ich Ihnen helfen?
Brian:	Humahanap ako ng pang regalo. / Ich suche nach einem Geschenk.
Tindera:	Para kanino? / Für wen?
Brian:	Para sa tatay ko. / Für meinen Vater.
Tindera:	Baka magustuhan niya ang polo shirt. / Vielleicht würde ihm ein Poloshirt gefallen.
Brian:	Puwedeng makita? / Kann ich es mir ansehen?
Tindera:	Heto po. Gusto po ba ninyo ito? / Hier ist es. Gefällt es Ihnen?
Brian:	Oo. Magkano ito? / Ja. Was kostet es?
Tindera:	1,200 (isang libo't dalawang daan) pesos lang po. / Nur 1.200 Pesos. Magandang klase. / Die Qualität ist sehr gut.
Brian:	O sige. Kukunin ko na ito. / Okay. Ich nehme es.
Tindera:	Ano ba ang sukat ng tatay niyo? / Welche Größe braucht Ihr Vater?
Brian:	Medium lang. / Medium.
Tindera:	Heto po. Pakibayaran sa counter. / Hier ist es. Bitte zahlen Sie an der Kasse.
Brian:	Salamat. Saan puwedeng magpabalot ng regalo? / Danke. Wo kann ich das Geschenk einpacken lassen?
Tindera:	Sa ikatlong palapag. / Auf der dritten Etage.
Brian:	Salamat.

ZUSATZVOKABELN
kulay / Farbe
asul / blau
berde / grün
pula / rot
dilaw / gelb
itim / schwarz
puti / weiß
rosas / pink
kahel / orange
lila / lila
kayumanggi / braun
damit / Kleidung
bestida / Kleid
palda / Rock
maong / Jeans
pantalon / Hose
blusa / Bluse
medyas / Socken
sando / Unterhemd
sapatos / Schuhe
tsinelas / Sandalen
amerikana / Anzug
hikaw / Ohrringe
kuwintas / Kette
pulseras / Armband
singsing / Ring
sinturon / Gürtel
relos / Armbanduhr
sumbrero / Hut

Sa hotel / Im Hotel

Receptionist: Mabuhay po. / Herzlich Willkommen.
Amanda: Meron po kaming reservation ang pangalan ko ay Flores. / Wir haben eine Reservierung auf den Namen Flores.
Receptionist: Sandali lang po, titignan ko lang po sa computer. / Einen Moment bitte. Ich schaue im Computer nach.
Sige po, meron po kayong reservation na tatlong gabi. / Okay, Sie haben für drei Nächte reserviert.
Amanda: Tama po. / Das stimmt.
Receptionist: Kailangan ko po ang inyong form ng pagkakakilanlan. / Ich bräuchte Ihre Ausweisdokumente.
Amanda: Ito, po. / Hier, bitte.
Receptionist: Salamat po. Sa paanong paraan po kayo magbabayad? Cash o Card? / Danke. Welche Zahlungsmethode bevorzugen Sie? Bar oder mit Karte?
Amanda: Creditcard po. / Mit Kreditkarte, bitte.
Receptionist: Ito po any inyong resibo. / Hier ist Ihre Rechnung.
Ito po ang inyong susi, ang numero po ng inyong kuwarto ay 212 sa pangalawang palapag. / Hier ist Ihr Schlüssel. Zimmernummer 212 auf der zweiten Etage.
Ang oras po ng almusal ay alas 7 hanggang alas 10 ng umaga. / Die Frühstückszeiten sind von 7 bis 10 Uhr.
Amanda: Salamat po. / Danke.
Receptionist: Hangad namin sa inyo ang isang kaaya-ayang pananatili. / Wir wünschen Ihnen einen schönen Aufenthalt.

ZUSATZVOKABELN

Maligayang Pagdating / Herzlich Willkommen

Doon po ang elevator. / Dort ist der Aufzug.

Kung meron po kayong tanong nandito lang po kami. / Wir sind hier, wenn Sie Fragen haben.

Imbitasyon / Einladung

Brian: Magandang araw, Isabella. Meron ka bang gagawin sa sabado? / Guten Tag, Isabella. Hast du am Samstag schon etwas vor?

Isabella: Magandang araw, Brian. Wala naman, bakit? / Guten Tag, Brian. Ich habe nichts vor. Warum?

Brian: Gusto sana kitang imbitahan mamasyal at kumain sa restawran. / Ich würde dich gerne auf einen Spaziergang und ins Restaurant einladen.

Isabella: O sige. Sama ako anong oras tayo aalis? / Okay, einverstanden. Wann sollen wir losgehen?

Brian: Sa hapon mga alas 4:00 pm (kuwatro ng hapon) mamamasyal tayo sa Luneta Park pagkatapos kakain tayo sa paborito kong restawran. / Um 16.00 Uhr gehen wir im Luneta Park spazieren und danach in meinem Lieblingsrestaurant essen.

Isabella: Gusto ko iyan. Hindi na ako makapaghintay na mag sabado. Ano ang pangalan ng restawran? / Das gefällt mir. Ich freue mich auf Samstag. Wie heißt das Restaurant?

Brian: Gloria's Lutong Bahay, ang sarap ng luto nila. Sigurado ako na magugus tuhan mo rin. / Gloria's Lutong Bahay. Das Essen dort ist sehr lecker.

Ich bin mir sicher, dass es dir auch schmecken wird.

Isabella: O sige. Magkita na lang tayo dito sa amin sa sabado ng hapon alas 4:00 pm, sunduin mo ako dito sa amin. Paalam. Hangang sa muli. / Okay. Wir sehen uns am Samstag um 16.00 Uhr, wenn du mich Zuhause abholst. Tschüss, bis dann.

ZUSATZVOKABELN

Oh, wala akong oras para diyan. / Oh, da habe ich keine Zeit.
Gusto mo ba diyan tayo magkita? / Sollen wir uns dort treffen?
Gusto mo ba sunduin kita diyan? / Soll ich dich abholen?

Sa restawran / Im Restaurant

Weyter:	Magandang gabi. / Guten Abend.
Brian:	Magandang gabi. / Guten Abend.
	Wala po kaming reservation. Meron po ba kayong extrang lamesa para sa dalawa? / Wir haben keine Reservierung. Haben Sie noch einen Tisch für zwei Personen?
Weyter:	Sandali lang po. Titignan ko lang po ang reservation book. / Einen Moment bitte. Ich schaue nach.
	Opo. Mayroon po kaming lamesa para sa inyo. / Ja, wir haben noch einen Tisch für Sie.
	Paki sundan niyo po ako. Ito po ang inyong lamesa. / Bitte folgen Sie mir. Hier ist Ihr Tisch.
Brian:	Salamat po. / Danke.
Weyter:	Ito po ang menu namin. / Hier ist unsere Karte.
(…)	

Weyter:	Handa na po ba kayong umorder? / Haben Sie schon gewählt?
Brian:	Opo.
Weyter:	Ano po ang order nila? / Was darf es für Sie sein?
Brian:	Isang order ng Adobo para sa asawa ko at sa akin naman ay Kare-Kare at samahan mo ng dalawang baso ng Red Wine. / Einmal Adobo für meine Frau und Kare-Kare für mich. Dazu zwei Gläser Rotwein.
Weyter:	Sige po. / Gerne.
(…)	

Brian:	Gusto na po namin magbayad. / Wir möchten gerne bezahlen.
Weyter:	Paano po ninyo gusto magbayad? / Wie möchten Sie bezahlen?
Brian:	Cash po. / Bar, bitte.

ZUSATZVOKABELN

Pasensya na po kayo, wala po kaming extrang lamesa. / Es tut mir leid. Wir haben leider keinen Tisch mehr frei.
Pahingi po ng menu? / Darf ich die Speisekarte haben?
Meron ba kayong local specialty? / Gibt es eine regionale Spezialität?
Allergic ako sa … / Ich bin gegen … allergisch.
Maanghang ba ito? / Ist es scharf?
Masarap ang pagkain. / Das Essen war sehr lecker.
Saan po ang banyo? / Wo sind die Toilette

Lutong Pinoy / Die philippinische Küche

Ryan:	Ano ang paborito mong ulam? / Was ist dein Lieblingsgericht?
Brian:	Tocino. / Tocino.
Ryan:	Bakit? / Warum?
Brian:	Kasi masarap ang pagkakatimpla. / Weil die Marinade lecker ist. Ikaw, ano ang pinakagusto mo? / Und du, was magst du am liebsten?
Ryan:	Adobo. / Adobo.
Brian:	Talaga? / Wirklich?
Ryan:	Oo. Mahilig kasi ako sa pinya at masarap ang sabaw na may toyo, suka at bawang. / Ja. Ich mag Ananas und die Soße aus Sojasauce, Essig und Knoblauch.

ZUSATZVOKABELN
Mahilig rin ako sa maanghang. / Ich mag auch scharfes Essen.
Hindi ko kaya iyan. / Ich kann das nicht essen.
Hinog na. / Es ist reif.
Paborito kong dessert iyon. / Es ist meine Lieblingsnachspeise.
Busog na ako. / Ich bin satt.
magluto / kochen
mag-ihaw / grillen
magputol /schneiden
pakuluin / etwas zum Kochen bringen
masarap / lecker
maasim / sauer
maalat /salzig
matamis / süß
mapait / bitter

Ang bakasyon / Der Urlaub

Amanda: Kumusta ang bakasyon mo? / Wie war dein Urlaub?
Eden: Masaya. Pumunta ako sa Badian. / Toll. Ich war in Badian.
Amanda: Wow! Maganda ba ang Kawasan Falls? / Wow! Waren die Kawasan Wasserfälle schön?
Eden: Oo, ang ganda talaga. / Ja, wirklich wunderschön.
Ikaw, kumusta ang bakasyon mo? / Und bei dir? Wie war dein Urlaub?
Amanda: Masaya rin. Pumunta ako sa Hong Kong. / Auch toll. Ich war in Hong Kong.
Eden: Talaga? / Wirklich?
Amanda: Oo, ang saya talaga. / Ja, ich hatte eine tolle Zeit.
Eden: Ilang araw ka sa Hong Kong? / Wie viele Tage warst du in Hong Kong?
Amanda: Limang araw. / Fünf Tage.
Eden: Saan-saan ka nagpunta? / Wo warst du überall?
Amanda: Nagpunta ako sa Tian Tan Buddha, Disneyland, Victoria Peak at Ten Thousand Buddhas Monastery. / Ich habe mir Tian Tan Buddha, Disneyland, Victoria Peak und Ten Thousand Buddhas Monastery angeschaut.
Eden: Wow! Ang dami mo namang napuntahan. / Wow! Da hast du dir aber viel angeschaut.
Ako rin gusto kong makapunta sa Hong Kong balang araw. / Ich möchte auch eines Tages mal nach Hong Kong.

ZUSATZVOKABELN
akomodasyon / Unterkunft
tabing-dagat / Strand
mga bundok / Berge
mga tampok ng pamamasyal / Sehenswürdigkeiten
grupong paglalakbay / Gruppenreise
bakasyon sa tabing-dagat / Strandurlaub
biyahe / Roadtrip
pagbisita sa mga siyudad / Städtereise

Sa telepono / Am Telefon

Kalihim:	Hello po. / Hallo.
Amanda:	Pwede pong makausap si Mr. Richard? / Kann ich bitte mit Herrn Richard sprechen?
Kalihim:	Sino po sila? / Darf ich wissen mit wem ich spreche?
Amanda:	Si Amanda ito. / Ja, hier spricht Amanda.
Kalihim:	Nasa restawran pa po siya. / Er ist noch im Restaurant.
Amanda:	Kailan siya babalik? / Wann wird er zurück sein?
Kalihim:	Alas dos po siguro. / Um zwei Uhr, denke ich.
Amanda:	Pwede po bang pakisabi sa kanya na tumawag ako? / Könnten Sie ihm bitte sagen, dass ich angerufen habe?
Kalihim:	Sige po. / Das mache ich.
Amanda:	Salamat po. / Danke.

ZUSATZVOKABELN

Sandali lang / einen Moment bitte
Hindi ko po alam. / Ich weiß es nicht.
numero ng telepono / Telefonnummer
tumawag ulit / Rückruf
pagpupulong / Termin
gumawa ng pagpupulong / einen Termin vereinbaren
kanselahin ang pagpupulong / einen Termin absagen
iurong ang pagpupulong / einen Termin verschieben
answering machine / Anrufbeantworter

Sa klinika / Im Krankenhaus

Doktor:	Magandang umaga Ginoong Santos. / Guten Morgen Herr Santos. Ako si Doktor Cruz. / Ich bin Doktor Cruz. Ano ang maipaglilingkod ko? / Was kann ich für Sie tun?
Brian:	Nitong nakaraang araw masakit ang aking tiyan. / Seit ein paar Tagen habe ich starke Bauchschmerzen. Nanggaling na ako sa Doktor ko at pinapunta nya ako dito sa klinika. / Ich war bereits bei meinem Hausarzt und er hat mich ins Krankenhaus geschickt.
Doktor:	Sabihin mo sa akin, saan eksato ang masakit? / Können Sie die Schmerzen genauer lokalisieren?
Brian:	Nitong nakaraan ang masakit ay sa may bandang pusod, ngayon naman ay sa bandang babang kanan ng tiyan. / Zunächst waren die Schmerzen in der Bauchnabelgegend, nun sind sie aber vermehrt im rechten Unterbauch.
Doktor:	Pwede mo bang ilarawan kung anong nararamdaman mong sakit? / Können Sie die Schmerzen beschreiben?
Brian:	Parang may sumusundot sa tiyan ko. / Es ist ein stechender Schmerz.
Doktor:	Meron ba sa pamilya niyo ang may sakit na diabetes, mataas ang dugo o iba pang sakit? / Gibt es in der Familie Fälle von Diabetes, Bluthochdruck oder sonstigem?
Brian:	Opo, ang nanay ko ay mayroong diabetes. / Ja, meine Mutter leidet an Diabetes.
Doktor:	May allergy ka ba sa mga gamot? / Gibt es Medikamente, auf die Sie allergisch reagieren?
Brian:	Wala naman po. / Nicht, dass ich wüsste.
Doktor:	Susunod ipi pisikal na pagsusuri kita. / Als nächstes würde ich Sie gerne körperlich untersuchen.

ZUSATZVOKABELN
Salamat sa tulong mo. / Vielen Dank für Ihre Hilfe.
Wala pong epekto. / Es scheint nicht zu helfen.
Nahihilo ako. / Mir ist schwindelig.
nars / Krankenschwester
wheelchair / Rollstuhl
ambulansya / Krankenwagen
aksidente / Unfall
paunang lunas / Erste Hilfe
operasyon / Operation
x-ray / Röntgenbild
diagnosis / Diagnose
pagtatae / Durchfall
balinguyngoy / Nasenbluten
lagnat / Fieber
trangkaso / Grippe
ubo / Husten
may allergy sa pagkain / Lebensmittelallergie
reseta / Rezept
dugo / Blut
uri ng dugo / Blutgruppe
bakuna / Impfung
pampawala ng sakit / Schmerzmittel
iniksyon / Spritze
samahan / Verband
kit para sa paunang lunas / Verbandskasten
oras ng pagbisita / Besuchszeit

Tsek-in sa paliparan / Check-in am Flughafen

Amanda:	Magandang araw. Gusto kong mag-tsek-in. / Guten Tag. Ich möchte gerne einchecken.
Ground stewardess:	Magandang araw din po sa inyo. Maaari ko po bang makita ang inyong pasaporte at tiket? / Gerne doch. Kann ich Ihren Reisepass und Ihr Flugticket sehen?
Amanda:	Eto ang pasaporte at tiket ko. / Hier sind mein Reisepass und mein Flugticket.
Ground stewardess:	Nakikita kong lilipad ka papuntang Maynila. / Ich sehe Sie fliegen nach Manila. Kailangan mong magpalit ng eroplano sa Singapore. / Sie müssen in Singapur umsteigen.
Amanda:	Salamat po. / Danke.
Ground stewardess:	Bibigyan kita agad ng dalawang tiket sa eroplano. / Ich gebe Ihnen gleich beide Flugtickets. Awtomatikong ipapasa ang iyong bagahe. / Ihr Gepäck wird automatisch weitergeleitet.
Amanda:	Salamat. / Danke.
Ground stewardess:	Ilang bagahe ang itsi-tsek-in mo? / Wie viele Koffer geben Sie auf?
Amanda:	Isang bagahe. / Einen Koffer.
Ground stewardess:	Pakilagay sa timbangan ang maleta. / Stellen Sie Ihr Gepäck bitte auf die Waage.
Amanda:	Sandali lang. / Einen Moment bitte.
Ground stewardess:	Walang problema. / Kein Problem. Nais kong magkaroon ka ng magandang paglipad. / Ich wünsche Ihnen einen guten Flug. Pumunta po kayo sa Gate B. / Gehen Sie bitte zu Gate B. Mangyaring tandaan na ang oras ng boarding ay 9:45 pm. / Beachten Sie bitte die Boarding Time um 21.45 Uhr.
Amanda:	Salamat po. Paalam. / Danke. Auf Wiedersehen.

ZUSATZVOKABELN

Ilang piraso ang bagahe mo? / Wie viele Gepäckstücke haben Sie?
dala-dalang bagahe / Handgepäck
kontrol ng seguridad / Sicherheitskontrolle
upuan sa tabi ng bintana / Fensterplatz
upuan sa pasilyo / Gangplatz
boarding pass / Bordkarte
pagkaantala / Verspätung
labis na bagahe / Übergepäck
sinturon ng bagahe / Gepäckband
nawala / verschwunden

Imigrasyon at opisina ng customs / Einwanderung und Zollabfertigung

Kawani ng paliparan:	Magandang tanghali, pakilabas po ang pasaporte. / Guten Tag, Ihren Reisepass bitte.
Amanda:	Narito ang aking pasaporte. / Hier ist mein Reisepass.
Kawani ng paliparan:	Salamat po. Gaano katagal ka mananatili sa Pilipinas? / Danke. Wie lange bleiben Sie auf den Philippinen?
Amanda:	Dalawang linggo. / Zwei Wochen.
Kawani ng paliparan:	Ano ang layunin ng iyong pagbisita? / Was ist der Zweck Ihrer Reise?
Amanda:	Andito ako upang magbakasyon. / Ich mache hier Urlaub.
Kawani ng paliparan:	Nakapunta ka na ba dito? / Waren Sie schon einmal hier?
Amanda:	Opo, limang beses na. / Ja, bereits fünf Mal.
Kawani ng paliparan:	Mayroon ka bang anumang idedeklara? / Haben Sie etwas zu verzollen?
Amanda:	Wala po akong idedeklara. / Nein, ich habe nichts zu verzollen.
Kawani ng paliparan:	Hangad ko sayo ang isang magandang bakasyon. / Ich wünsche Ihnen einen schönen Aufenthalt.
Amanda:	Salamat. Paalam po. / Danke. Auf Wiedersehen.

ZUSATZVOKABELN

Nandito ako para sa negosyo. / Ich bin geschäftlich hier. (eigene Firma bzw. eigenes Geschäft)
Nandito ako para sa trabaho. / Ich bin zum Arbeiten hier.
Oo, mayroon akong isang bagay na idedeklara. / Ja, ich habe etwas zu verzollen.
Maaari mo bang ipakita sa akin ang iyong resibo ng bagahe? / Können Sie mir bitte Ihren Gepäckschein zeigen?
Ikaw ba ay naglalakbay mag-isa? / Reisen Sie alleine?
form ng pagkakakilanlan / Ausweisdokument
deklara ng customs / Zollerklärung
kriminal rekord / vorbestraft
droga / Drogen
seguro sa kalusugan (health insurance) / Krankenversicherung
sertipiko ng kasal / Hochzeitsurkunde
bisita sa pamilya / Familienbesuch
bisitahin / besuchen

palitan ng pera / Wechselstube
magpapalit / Geld wechseln
paliparan ng pag-alis / Abflugflughafen
patutunguhan, destinasyon / Reiseziel

Platz für Notizen

Religion und Mythologie

Jeder Philippinen-Besucher kommt früher oder später mit den Themen Religion und Mythologie in Kontakt.

Zum spanischen Kolonialerbe gehört, dass die Philippinen christlich geprägt sind. Anders als in den islamisch und buddhistisch geprägten Nachbarländern sind etwa 93 % der Einheimischen christlich erzogen. Davon gehören über 80 % der römisch-katholischen Glaubensgemeinschaft an. Lediglich 5 % der Einheimischen sind Muslime, die hauptsächlich im Südwesten leben. Die restlichen 2 % verteilen sich auf Anhänger des Buddhismus, Hinduismus, Taoismus und weitere kleine religiöse Gemeinschaften. Auch wenn auf den Philippinen Religionsfreiheit herrscht und in der Verfassung eine Trennung zwischen Staat und Kirche verankert ist, kann man den großen Einfluss der katholischen Kirche auch heutzutage noch deutlich in der Gesellschaft spüren.

Die Philippinen sind neben dem Vatikanstaat das einzige Land, in dem eine Scheidung von Eheleuten verboten ist. Möchte man sich dennoch von seinem Ehepartner trennen, ist der teure und langjährige Prozess einer Annullierung die einzige Chance jemals nochmal heiraten zu können.

Wie sehr die katholische Kirche die Werte und Gesetze des Landes prägt, zeigen auch die vielen kirchlichen Schulen und Universitäten oder gar die nicht-existierende Sexualerziehung. So ist es nicht verwunderlich, dass Verhütung und Abtreibung absolute Tabuthemen sind.

Touristen wird die Dominanz der Kirche vor allem durch die zahlreichen Kirchen, den Marien und Santo Niño-Statuen auffallen. Santo Niño, das kleine Jesuskind, ist der größte Schutzpatron der Einheimischen. Fast jede philippinische Familie besitzt einen Hausaltar mit der Madonna und ihrem Christuskind. Auch auf Jeepneys findet man immer wieder Heiligenbilder.

Die christlichen Feiertage werden ausgiebig zelebriert. Ein besonderer Feiertag ist Karfreitag. Er gilt als der feierlichste Tag des Jahres. Die Gläubigen stellen an diesem Tag ihre Hingabe unter Beweis und tragen große Holzkreuze auf ihrem Rücken durch die Straßen, geißeln sich mit Bambusrohren und Dornzweigen den Rücken blutig oder lassen sich unter ärztlicher Aufsicht ans Kreuz nageln. Diese blutige Karfreitagsprozession soll an das Leiden und die Kreuzigung Christi erinnern.

Eine weitere besondere Zeit auf den Philippinen ist die wohl längste Weihnachtszeit der Welt. Die sogenannten „-ber"-Monate (September bis Dezember) machen Weihnachten auch bei sommerlichen Temperaturen allgegenwärtig. Spätestens beim Betreten eines Einkaufszentrums am 1. September kommt man auch als Tourist nicht um Weihnachtslieder und geschmückte Decken und Bäume herum. Folglich hat man ganze vier Monate Zeit, sich in Weihnachtsstimmung zu versetzen.

Zusätzlich zum christlichen Glauben spürt man schnell auch den großen Aberglauben der Einheimischen. In städtischen Gegenden helfen unter anderem Wahrsager und Wunderheiler Unglücke abzuwenden. Auf dem Land, oder wie man so schön sagt in der Provinz, hingegen ist es fast selbstverständlich, dass es zusätzlich Geister, Dämonen und andere Kreaturen gibt.

Aswang

Ein besonders gefürchtetes Wesen ist Aswang – halb Mensch, halb Tier. Es gibt unzählige Gruselgeschichten, die von menschenähnlichen Wesen am Tag und von monströsen Verwandlungen in der Nacht berichten. Ein häufiges Merkmal sind die rotglühenden Augen und die lange, heraushängende Zunge, die nach Blut giert.

In manchen Geschichten wird davon ausgegangen, dass es sich bei diesen Wesen um eine Art Vampir handelt, die ein besonderes Gespür für Sterbende haben und sich von den Toten ernähren. Oftmals wird auch von der Vorliebe zur menschlichen Leber berichtet. Die Ausführungen unterscheiden sich je nach Region stark.

Die „Manananggal" ist wohl die Gefürchtetste aller Aswangs. Tagsüber geht sie als hübsche Frau einer normalen Tätigkeit nach. Lediglich dunkle Augenringe können bei Tageslicht einen Hinweis auf ihre wahre Identität geben. In den Abendstunden jedoch trennt sich die obere Körperhälfte ab, Arme verwandeln sich in fledermausartige Schwingen und ihre Zunge nimmt an extremer Länge zu.

Der Torso bleibt an einem geheimen Ort zurück, während der Rest sich nachts auf Opfersuche begibt. Schwangere sind besonders gefährdet, da Manananggal eine Vorliebe für Föten haben. Der Geruch von schwangeren Frauen soll sie anziehen, weshalb man häufig davon ausgeht, dass diese Art Aswang für Fehlgeburten und den plötzlichen nächtlichen Tod verantwortlich ist. Die Manananggal landet hierzu auf einem Dach und saugt mit Hilfe ihrer langen, röhrenförmigen Zunge den Fötus aus. Zum Schutz des ungeborenen Kindes stellen Einheimische häufig eine Kerze unter das Bett oder legen einen Stachelrochenschwanz dorthin.

Der abgetrennte und zurückgelassene Torso ist der verwundbare Teil des Körpers und somit die einzige Möglichkeit einen Aswang zu vernichten. Hierzu streut man Salz oder Asche auf die untere Körperhälfte, wodurch ein Vereinen der beiden Körperhälften verhindert wird. Bei Sonnenaufgang geht der Oberkörper und somit das ganze Wesen zugrunde.

Das Wort „Manananggal" leitet sich von „Tanggal" ab, was entfernen oder trennen bedeutet und somit auf das Abtrennen des Oberkörpers verweist.

Kapre

Eine weitere Figur der philippinischen Mythologie ist Kapre – eine Art Baumriese, der als besonders groß, behaart, dunkel und muskulös beschrieben wird. Meist wird er mit einer großen Zigarre dargestellt, die er zu rauchen liebt. Der starke Geruch soll die Aufmerksamkeit der Menschen auf sich ziehen, weshalb in ländlichen Gebieten oftmals empfindlich auf Tabakrauch reagiert wird. Manche gehen sogar davon aus, dass es sich bei großen Ansammlungen von Glühwürmchen um die herumfliegende Asche handelt.

Ein Kapre muss nicht unbedingt böse sein. Die Beschreibungen reichen von rachsüchtig, wenn beispielsweise sein Baum gefällt wurde, bis hin zu freundschaftlich und liebend. Gerne spielen sie den Menschen jedoch Streiche, die zur Desorientierung in Wäldern und Bergregionen führen. Angeblich schafft es der Kapre sogar, dass Menschen vergessen, dass sie sich auf ihrem eigenen Grundstück befinden und dann hilflos umherirren. Um dem Bann des Kapre zu entgehen, wird geraten, seine Kleidung auf links zu drehen.

Das Wort „Kapre“ hat seinen Ursprung im Arabischen und leitet sich vom Wort „Kafir“ ab, was auf Spanisch „Cafre“ ist und im Islam Ungläubiger bedeutet. Ein Synonym für Kapre ist „agta“, was gleichbedeutend mit Aeta (oder auch Negrito, einer ethnischen Gruppe mit dunkler Haut) ist. Die mythische Figur Kapre hat sich somit aus den ehemals rassistischen Darstellungen von Negrito-Stämmen entwickelt.

Engkanto/ Diwata

Sehr verbreitet sind auch Umweltgeister, die sogenannten Engkanto oder Diwata – eine Art Fee, die in großen Bäumen leben und als die Schutzgeister der Natur bezeichnet werden. Sie können Segen oder Verderben über die Menschen bringen, die der Natur Gutes tun oder ihr schaden.

Die wohl berühmteste Diwata ist „Maria Makiling“ – die Beschützerin des Berges Makiling in der Provinz Laguna.

Die Geschichte besagt, dass sie eine schöne junge Frau war, die die Schönheit und Ruhe der sie umgebenden Landschaft in sich vereinte. Zu allen Bewohnern der umliegenden Dörfer war sie stets nett und zuvorkommend. Sie teilte mit ihnen alles, was die Natur hergab wie zum Beispiel Fische, Früchte und Ernte.

Eines Tages begegnete ihr ein Jäger, der sich sofort in sie verliebte. Tagtäglich trafen sich die beiden, unterhielten sich und schworen sich ewige Liebe.

An einem Tag jedoch wartete Maria vergebens auf ihren Geliebten und auch nach vielen Wochen kam er nicht zurück.

Maria wurde skeptisch und fand schließlich heraus, dass ihr Jäger eine menschliche Frau gefunden und geheiratet hatte. In ihrer Wut und Enttäuschung realisierte Maria, dass sie sich von den Menschen unterschied und diese sie die ganze Zeit nur ausgenutzt hatten. So beschloss sie, das Wachsen und Gedeihen zukünftig zu verweigern. Folglich gab es kaum noch Fische, Früchte und auch die Tiere zogen sich zurück.

Anders als bei den Diwata handelt es sich bei den Engkanto um männliche Feen, die hauptsächlich am bzw. im Wasser leben. Philippinische Fischer bedanken sich nach einem guten Fang, indem sie Fleisch oder Lebensmittelgaben für die Engkanto ins Meer werfen.

Auf den Visayas werden sie auch „Tamawo" genannt. Dort sind sie vor allem durch ihre blasse Haut, Reißzähne und goldenen Krallen bekannt.
Die Menschen glauben, dass sie Frauen entführen, um sich mit ihnen fortzupflanzen.

Bei meinem Besuch der Kawasan-Wasserfälle in der Nähe von Cebu City wurde mir erzählt, dass die Menschen früher glaubten, dass das unberührte Wasser von Kawasaan das Eingangstor zum Reich der Tamawo sei.

Eine Legende besagt, dass sich eine schöne junge Frau und ein Mann des Volkes der Tamawo ineinander verliebt haben. Doch die Frau hatte viele eifersüchtige Verehrer. Diese entführten die junge Frau und erzählten allen Dorfbewohnern, dass der Tamawo sie gekidnappt hatte. Die Bewohner gingen zum Wasserfall und warfen Steine ins Wasser. Der Lärm dabei war so groß, dass die Tamawo darauf aufmerksam wurden und gemeinsam mit ihrem Anführer, dem sogenannten Datu, die Dorfbewohner konfrontierten. Beleidigt von den Anschuldigungen der Dorfbewohner befahl der Datu, seinen Männern nach der verschwundenen Frau zu suchen und so ihre Unschuld zu beweisen.
Tatsächlich fanden sie die Frau und befreiten sie. Diese erzählte von der Entführung und der Tötung ihres geliebten Tamawo, der der Sohn des Datu war. Zornig vor Trauer schwor der Datu, dass er alle Dorfbewohner töten würde, wenn diese nicht die jungen Männer opfern würden.
So stießen die Dorfbewohner die jungen Männer ins Wasser und somit in den Tod. Der Datu der Tamawo versicherte daraufhin, dass das Wasser zu Ehren des Paktes zwischen Dorfbewohnern und dem Stamm der Tamawo immer sauber und rein sein soll.

Andere Geschichten behaupten, dass die Tamawo immer wieder Menschen unter Wasser ziehen und diese für immer verschwunden bleiben. Einige Menschen werden aufgrund ihrer Schönheit ausgewählt, andere weil sie das Wasser verschmutzen.

Die Angst, unter Wasser gezogen zu werden, ist auf den Philippinen weit verbreitet. Viele Einheimische haben Angst, ins Wasser zu gehen, und haben schon von Geschichten verschwundener Menschen gehört.

Mambabarang

Ein weiteres mythisches Wesen ist die Mambabarang – eine Art Hexe, die Insekten und Geister verwendet, um in den Körper anderer Personen einzudringen. Dies tun die Mambabarang bei von ihnen gehassten Menschen, die sie so quälen und später durch den Insektenbefall töten.

Für diesen Zauber verwenden sie eine Haarsträhne ihres Opfers. Diese Haarsträhne wird um Käfer, Würmer oder andere Insekten gewickelt, um sie als Medium zu verwenden.

Sticht die Mambabarang auf das Insekt ein, ist die beabsichtigte Wirkung für das Opfer sofort spürbar.

Die Mambabarang ist eine Art „Mangkukulam", unterscheidet sich aber hinsichtlich ihrer Tötungsabsicht. Mangkukulam oder kurz Kulam belegen ihre Opfer mit einem Fluch und fügen ihnen so Schmerzen zu oder machen sie so krank.

Beide Wesen verwenden schwarze Magie, eine Art Voodoo-Zauber. Für die Darstellung ihrer Opfer werden Insekten, Puppen oder andere Bildnisse verwendet, die mit Haaren oder Fingernägeln ihrer Opfer verbunden werden. In einem Ritual, das häufig aus Gesang, Symbolen oder Zaubersprüchen besteht, werden dem Opfer Schmerzen zugefügt. Als Hilfsmittel werden Nadeln, Steine, Feuer, Kräuter und Gewürze, Erde, Kerzen etc. verwendet. Häufig bestimmen die Zutaten, die oftmals in eine Art Zaubertopf gegeben werden, die Konsequenzen für das Opfer.

Der Begriff „Barang" bezieht sich beispielsweise auf eine Käfergattung, so dass das Opfer von einem zerstörerischen Insektenschwarm oder fleischfressenden Käfern heimgesucht wird. Andere Begriffe sind „usik" (scharf), „hilo/ lason" (Gift), „paktol" (Puppe), „laga" (kochen) oder „sampal" (Meerestiere).
Wurde man mit einem solchen Fluch belegt, hilft meist nur der Weg zu einem Heiler.

Albularyo

Die Heiler, die Opfer von ihren Flüchen befreien, nennt man Albularyo oder auch Arbularyo. Diese Hexendoktoren (Medizinmänner) verwenden Kräuter und traditionelle Rituale wie „hilot" – eine Art Ganzkörpermassage, um Körper und Geist wieder in Einklang zu bringen.

Dwende

Eine weitere mythische Figur ist der Dwende – eine Art Zwerg, der in Häusern lebt und den Menschen Glück oder eben Unglück bringt.
Aus diesem Grund lassen einige Einheimische etwas von ihren Speisen auf dem Fußboden zurück, damit der Dwende auch zukünftig ihr Haus beschützt. Dwende können sehr verspielt sein, sind den Menschen aber meist positiv gestimmt.

Nicht verwechseln mit dem Dwende sollte man den „Nuno sa Punso". Dieser Zwerg wohnt meist in Ameisenhügeln in Waldgebieten. Bevor man an einem solchen vorbeigeht, sollte man sich für die Störung entschuldigen, um den Nuno sa Punso nicht zu beleidigen.

Bangungot

Bangungot – oder auch die besonders grausame Variante „Batibat" – ist ein weiteres Wesen, das vor allem bei den Ilocano im Nordwesten Luzons für Angst und Schrecken sorgt. Dieser Dämon wird für eine tödliche, nächtliche Krankheit verantwortlich gemacht.

Ein Batibat wird häufig in Form einer alten, dicken Frau dargestellt, die auf Bäumen lebt. Wird der Baum, auf dem sie lebt, gefällt und als Hauspfosten verwendet, wandert sie in die Löcher des Pfostens. Schläft nun der Bewohner des Hauses nachts in der Nähe des Pfostens, verwandelt sich die Batibat zurück in ihre wahre Gestalt und setzt sich auf die Brust des Opfers bis dieses erstickt.
Um diesen Dämonen abzuwehren, sollten Betroffene mit den Zehen wackeln oder sich in den Daumen beißen, denn nur so erwacht das Opfer aus dem durch die Batibat ausgelösten Albtraum.

Der plötzliche Nachttod ist ein weitverbreiteter Aberglaube, der vor allem junge Männer im Alter von 25 bis 45 Jahren ohne Vorerkrankungen betrifft, jedoch oft nach einer schweren Mahlzeit beobachtet wird.

Während des Albtraums geben die Betroffenen häufig Stöhnlaute von sich. Daher stammt auch die Bezeichnung „Bangungot", was sich aus „bangun" (aufstehen) und „ungol" (stöhnen) zusammensetzt.

Von den Betroffenen wird dieser Zustand als sehr schlimm empfunden, da das Gehirn die ganze Zeit aktiv alles miterlebt, der Körper sich jedoch nicht wehren kann.

Diese nächtlichen Nahtoderfahrungen sind wohl die häufigsten Geschichten, die mir auf meinen Reisen erzählt wurden. Fast jeder kennt jemanden, der nach einem üppigen Essen nachts heimgesucht wurde, oder hat es sogar schon selbst erlebt. Viele junge Männer haben lediglich aufgrund des Aufweckens durch die Ehefrau oder ein anderes Familienmitglied überlebt.Die Beispiele zeigen auf, welchen großen Stellenwert Glaube und Aberglaube auf dem Inselstaat haben. Bei mehr als 7.000 Inseln und mehr als 70 indigenen Völkern gibt es zahlreiche überlieferte Geschichten von Geistern, Dämonen und anderen Kreaturen.

So ist es auch nicht verwunderlich, dass neben Heilern auch Talismane Unheil abwenden sollen. Diese Talismane werden als Agimat oder auch als Anting-Anting bezeichnet. Meist handelt es sich hierbei um Amulette, die dem Träger Gesundheit, Wohlstand, Schutz und Kraft geben oder vereinfacht das Böse abwenden sollen.

Traditionen

Die philippinische Kultur ist das Resultat immer fortwährender Kolonialisierung und einheimischer Gepflogenheiten. Genau diese Mischung macht den Inselstaat reich an Traditionen, die auch heutzutage noch eine große Rolle im Alltag der Filipinos spielen.

Pagmamano

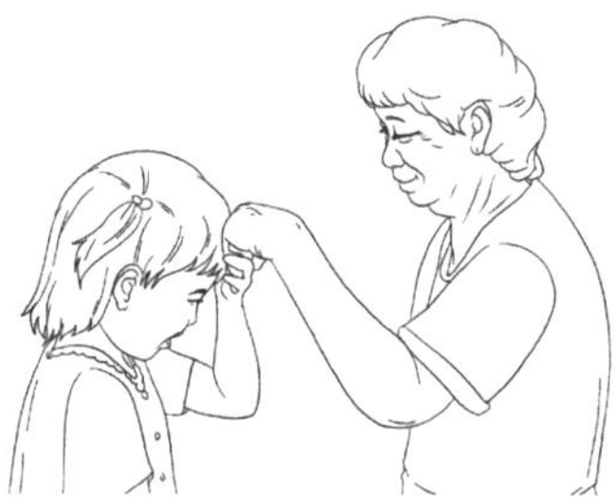

Respekt gegenüber Älteren ist wohl eine der wichtigsten philippinischen Tugenden. Bei dieser Geste fragt man nach der rechten Hand der älteren Person („Mano, po.") und drückt diese anschließend gegen seine eigene Stirn und erbittet somit Segen und Weisheit der älteren Person.

Auch gehört es sich nicht, ältere Personen nur mit dem Namen anzusprechen. Aus diesem Grund setzen Filipinos immer einen Titel vor den eigentlichen Namen (beispielsweise Ate / Schwester; Kuya / Bruder; Tita / Tante; Tito / Onkel oder Lola / Oma; Lolo / Opa).

In vielen Familien bringen die Kinder dem Vater beim Nachhausekommen seine Hausschuhe und zeigen ihm so ihren Respekt.

Philippinische Häuser werden selten mit Straßenschuhen betreten, weshalb man am Eingang immer viele Flip-Flops stehen sieht. Der Schmutz der Straße soll so, wie in vielen anderen Kulturen auch, nicht nach drinnen gebracht werden.

Pamilya

Der familiäre Zusammenhalt ist sehr groß und dass man sich gegenseitig hilft, ist selbstverständlich. Wer gerade etwas Geld hat, sorgt für die anderen mit. Dabei spielt es keine Rolle, in welchem Verwandtschaftsverhältnis man steht. So zahlt beispielsweise der ältere Bruder die Schulgebühr der jüngeren Schwester oder gar die Schuluniform der Nichte. Besitzt die Familie ein Auto, steht es in der Regel allen Familienmitgliedern zur Verfügung. Und ebenso ist es völlig normal, dass die Großeltern die Enkel betreuen, während die eigenen Kinder im Ausland bzw. auf See arbeiten.

Diese Familienorientierung ermöglicht es den Filipinos, Krisensituationen gut zu überstehen.

Auch bereits verstorbene Familienmitglieder werden in den Familienalltag mit einbezogen. So ist es keine Seltenheit, dass man den Geburtstag des Verstorbenen auf dem Friedhof mit der ganzen Familie und Essen feiert – ein ausgelassenes Miteinander wie man es bei uns nur bei einem Picknick im Park finden würde.

Übrigens gibt es auf den Philippinen einen Mittelnamen, der gewöhnlich der Geburtsname der Mutter ist. Dieses System soll helfen, Personen besser zuordnen zu können. Nach der Eheschließung nimmt die Frau den Nachnamen des Mannes an und der väterliche Nachname wird zum neuen Mittelnamen der Frau.

Barangay

Die unterste Ebene des philippinischen Verwaltungssystems wird als Barangay bezeichnet. Hierbei handelt es sich um eine Art Dorf bzw. einen Ortsteil. Jedes Barangay wird von einem Barangay Captain geführt. Dieser ist eine Art Vorsitzender, der neben offiziellen Verwaltungsaufgaben unter anderem auch bei Problemen in der Gemeinde herangezogen wird.

Bayanihan

Bei diesem philippinischen Brauch in eher ländlichen Gegenden werden die Einwohner einer Gemeinde gebeten einer Familie beim Umzug zu helfen. Dieser Umzug beinhaltet auch den Umzug des Hauses. Ein traditionelles Haus, auch Bahay Kubo genannt, besteht aus Bambus und Nipablättern. Damit das Haus als Ganzes von den Helfern getragen werden kann, wird dieses auf Bambusstangen gebunden und dann zum neuen Wohnort der Familie getragen. Für einen solchen Haus-Umzug werden circa 20 Männer benötigt. Als Dank für die Hilfe erhalten die Freiwilligen im Anschluss eine Mahlzeit. Auch diese Tradition verdeutlicht die philippinische Helfer-Mentalität.

Tabo

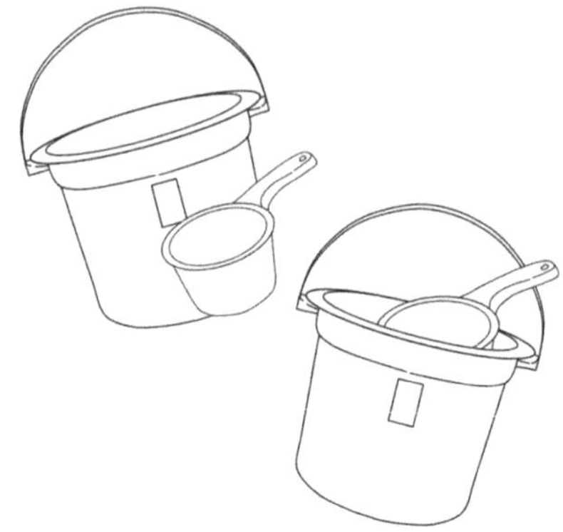

Ein philippinischer Haushalt wäre ohne dieses traditionelle Hygienewerkzeug wohl nicht vollständig. Tabo ist eine Art Reinigungskelle, die man hauptsächlich im Badezimmer finden wird. Hier wird diese zur Selbstreinigung, aber auch zur Reinigung des Badezimmerbodens, verwendet. Traditionell findet man die Reinigungskelle in einem großen Eimer, dem sogenannten Balde.

Hiya

Der Begriff Hiya umschreibt Scham, Gesichtsverlust und Bloßstellung. Wer etwas tiefer in die philippinische Gemeinschaft eintaucht, wird schnell merken, wie sensibel die Einheimischen sein können. Um dieses unangenehme Gefühl zu vermeiden, gehen die meisten Filipinos Diskussionen eher aus dem Weg und vermeiden es offen zu widersprechen. Auch bei unangenehmen Fragen wird man selten eine ehrliche Antwort erhalten, sondern eher eine, die für beide Seiten keinen Gesichtsverlust bedeutet. Hiya wird den Filipinos bereits in der frühen Kindheit anerzogen und ist die wohl größte Form der Schande. Aufgrund dieser tiefen Verankerung reagieren sie sehr empfindlich auf „Angriffe“ auf das eigene Selbstwertgefühl und achten auch stets auf das Selbstwertgefühl anderer. Eine Missachtung kann erhebliche Folgen mit sich ziehen und sogar zum Abbruch von Beziehungen (beruflicher oder privater Natur) führen. Die Sorge um das Selbstwertgefühl hat einen erheblichen Anteil an dem harmonischen Miteinander.

Weitere philippinische Charaktereigenschaften sind freundlich, aufgeschlossen, sensibel, liebenswürdig, lebenslustig, selbstlos, großzügig, gastfreundlich und gesellig. Auch wenn es sich hierbei um eine stereotype Beschreibung handelt, wird man diese im Kontakt mit den Einheimischen häufig wiederfinden.

Harana

Eine besonders traditionelle Art und Weise eine Frau zu umwerben war Harana. Hierbei singt der Mann vor dem Fenster der Frau begleitet von sanften Gitarrenklängen. Dieses Szenario dürfte die meisten an eines der bekanntesten Liebespaare der Welt erinnern. Auch wenn diese Form des Werbens heutzutage nicht mehr praktiziert wird, lebt die Romantik in den philippinischen Herzen weiter.

Pamamanhikan
Nach dem erfolgreichen Werben und einer Zeit des Zusammenseins folgt das traditionelle Anhalten um die Hand der Frau. Hierzu besucht der Mann die Eltern seiner Auserwählten oftmals gemeinsam mit seinen Eltern und hält dort offiziell um die Hand an. In einigen Gegenden wird zusätzlich das Einverständnis des Barangay Captain oder anderen Verwandten eingeholt. An diesem Tag werden oft auch alle wichtigen Abläufe und Termine festgelegt.

Pagkain
Die Filipinos lieben es, zu essen, und scheinen immer Hunger zu haben. Die Frage „Kumain ka na?", ob man schon gegessen hat, ist daher keine Seltenheit. In Gesellschaft schmeckt es bekanntlich besser und so ist es nicht verwunderlich, dass im Zentrum eines jeden Familienfestes gutes Essen steht. Die philippinische Esskultur verdient daher ein eigenes Kapitel, weshalb ich hier nicht näher darauf eingehen werde.

Tulì
Die männliche Beschneidung ist eine alte Tradition und geschieht nicht aus religiösen Gründen. Noch immer wird fast jeder Junge im Alter zwischen 6 und 10 Jahren beschnitten. Nicht beschnitten zu sein, ist eher die Ausnahme. Die Beschneidung findet heutzutage meist unter örtlicher Betäubung statt. Doch auch Beschneidungen ohne Betäubung sind keine Seltenheit. Bei der traditionellen Beschneidung, der sogenannten Pukpok-Methode, wird mit einem geschärften Werkzeug, meist ein Rasiermesser (Labaha), die Vorhaut des Jungen ohne Betäubung entfernt, während dieser auf Guavenblättern kaut.

Eine weitere philippinische Eigenart der Männer ist der Freebelly. Hierbei zeigen sie ihren Bauch, indem sie ihr T-Shirt nach oben rollen. Für dieses Bauchzeigen sind wohl vor allem die tropischen Temperaturen verantwortlich, doch ein gut genährter Bauch kann auch Wohlstand symbolisieren. Dabei spielt die Form des Bauches übrigens keine Rolle.

Schönheitsideal
Auch auf den Philippinen wird helle und makellose Haut als Schönheitsideal angestrebt. Nach dem Blick auf die Geschichte des Landes ist dieses Schönheitsbild nicht verwunderlich. Anders als in der westlichen Kultur wird braune/ dunkle Haut als ein Zeichen von Armut und harter Arbeit gedeutet. Viele Einheimische versuchen daher noch heute, eine

Bräunung ihrer Haut zu vermeiden. Bei Aufenthalten im Freien schützt man sich mit Schirmen und beim Baden im Pool oder Meer mit T-Shirts und anderer langer Bekleidung. Zusätzlich enthalten fast alle Kosmetika hautaufhellende Inhaltsstoffe.

Karaoke

Eine weitere Tradition, bei der die Einheimischen ziemlich schmerzfrei sind, ist Karaoke. Und glaubt mir, wenn ich sage, dass man nicht drumherum kommt. Freiwillig oder nicht, auch jeder Tourist kommt früher oder später in den Genuss. Karaoke zu singen ist eine der beliebtesten Freizeitbeschäftigungen der Filipinos. Egal ob im Hotel, Zuhause, auf der Straße oder bei der Arbeit. Egal ob früh oder spät. Egal ob man ein guter Sänger ist oder eben nicht. Die traditionellen Lieder werden voller Inbrunst gesungen, damit der Herzschmerz auch alle Zuhörer erreicht. Karaoke singen ist für die Einheimischen eine ganz besondere Art ihre unglaubliche Lebensfreude auszudrücken.

Kundiman

Unter Kundiman versteht man ein traditionelles Genre philippinischer Liebeslieder, deren Texte in Tagalog geschrieben sind. Begleitet wird der Gesang durch sanfte und fließende Rhythmen, die durch dramatisch klingende Intervalle unterbrochen werden.

Pagindak ng Katawan

Bleiben wir bei Musik und ergänzen diese mit Bewegung. Neben dem Singen lieben es die Filipinos zu tanzen. So ist es nicht verwunderlich, dass es zahlreiche traditionelle philippinische Tänze gibt.

Der wohl berühmteste und älteste Volkstanz ist der Bambustanz, der sogenannte Tinikling, der seinen Ursprung auf Leyte hat. Bei diesem Folkloretanz bewegen sich meist mehrere Tänzer zwischen zwei Bambusstangen, die von den Bambushaltern rhythmisch aneinander und auf den Boden geschlagen werden. Die Tänzer ahmen damit den Gang eines Vogels (Tikling genannt) nach.

Weitere berühmte Folkloretänze sind:
Binasuan (Pangasinan) – Bei diesem Tanz werden Gläser balanciert
Kuratsa (Visayas) – Eine Art Balztanz
Singkil (Mindanao) – Zeigt Episoden des Gedichts Darangen
Cariñosa (Panay) – Paartanz mit Fächern und Taschentüchern
Bicolano Cariñosa (Bicol) – Paartanz mit zwei Taschentüchern
Itik-Itik (Surigao del Sur) – Tanz, der die Bewegungen der Ente imitiert
Pandanggo sa Ilaw (Mindoro) – Bei diesem Tanz werden Öllampen balanciert
Maglalatik (Laguna) – Männertanz mit Kokosnussschalen
Sayaw sa Bangko (Pangasinan) – Balancetanz auf einer schmalen Bank

Instrumentong Pangmusika

Ebenso wie eine Vielzahl von Folkloretänzen gibt es auch traditionelle philippinische Musikinstrumente:
Kulitang – Buckelgongs
Bandurria – 14-saitige Harfelaute
Kudyapi – 2-saitige Bootslaute
Kalaleng / Tongali – Nasenflöte aus Bambus
Gabbang – Bambusxylophon
Kubing – Maultrommel aus Bambus
Gambal – Kriegstrommel
Dabakan – Bechertrommel
Luntang – Xylophon
Buktot – Saiteninstrument
Babandil – Einzelner Gong

Fiestas

Traditionelle Feste gibt es auf den Philippinen viele. Diese unterscheiden sich je nach Region stark voneinander. Zu den Festen gehören aber in den meisten Fällen Musik, Kostüme, Tänze, Paraden und aufwendige Darstellungen.
Eines der bekanntesten Feste ist das Ati-Atihan Sinulog Festival in Cebu, das jedes Jahr neben Einheimischen auch viele Touristen anlockt. Sinulog ist ein religiöses Fest, das zu Ehren des Jesuskindes (Santo Niño) veranstaltet wird. Es ist ein riesiges Straßenfest mit Essen, farbenfrohen Kleidern und Kunstdarstellungen.

Weitere berühmte Feste sind:
Dinagynag (Iloilo) – Fest mit Straßentanzwettbewerb in traditionellen Kostümen
Peñafrancia (Bicol) – Größte Parade zu Wasser biblischen Ursprungs
Ati-Atihan (Kalibo) – Philippinischer Karneval mit farbenfrohen Kostümen und schwarz bemalten Körpern
Ligligan Parul (San Fernando) – Riesenlaternenfest mit Wettbewerb
Masskara (Bacolod) – Fest des Lächelns
Panagbenga (Baguio) – Einmonatiges Blumenfest
Pahiyas (Lucban) – Erntedankfest
Flores de Mayo/Santacruzan (Manila) – Maifest zu Ehren der Jungfrau Maria
Kadayawan sa Dabaw (Davao) – Feier zum Dank an die Natur
Pintados (Tacloban) – Körperkunstfestival
Black Nazarene (Manila) – Religiöse Prozession, bei der sich viele die Heilung von Krankheiten erhoffen
Hermosa/ Fiesta Pilar (Zamboanga) – Patronatsfest (Nuestra Senora la Virgen del Pilar) mit einer Regatta aus blumengeschmückten Booten

Glaube bzw. Aberglaube und Religion spielen auf den Philippinen eine große Rolle und spiegeln sich auch in allen Festen und Feierlichkeiten wider.

Media Noche

Ein Tag mit besonders vielen Traditionen ist das philippinische Neujahrsfest. Die Familie feiert mit gutem Essen und wartet gemeinsam auf den Start ins neue Jahr. Damit dieser auch erfolgreich wird, sollte man folgende Bräuche befolgen:

12 runde Früchte – Glück und Reichtum für das ganze Jahr sollen 12 runde Früchte bringen. Die Anzahl steht für die Monate eines Jahres.
Lärm machen – Laute Geräusche durch Tröten oder das Schlagen auf Töpfe sollen böse Geister vertreiben und folglich Unglück fernhalten.
Pancit essen – Das Verzehren von Pancit-Nudeln soll ein langes Leben und Gesundheit symbolisieren. An diesem Tag sollten die Nudeln daher nie geschnitten verzehrt werden, da sie sonst ihren Zweck nicht erfüllen können.
Biko essen – Klebrige Lebensmittel wie Reiskuchen sollen die Beziehungen und den Zusammenhalt innerhalb der Familie stärken.
Fisch – Die Zubereitung ganzer Fische soll Glück bringen. Die Schuppen symbolisieren hierbei Münzen.
Münzen in der Hosentasche – Damit man das ganze Jahr lang vom Wohlstand gesegnet wird, sollte man zum Neujahrsfest Münzen in den Hosentaschen haben und diese zu Mitternacht klimpern lassen.
Fenster/ Türen öffnen – Damit das Glück ins Haus kommen kann, öffnen die Einheimischen am Neujahrstag alle Fenster und Türen.
Um Mitternacht hochspringen – Durch den Sprung in die Luft soll man größer werden.

Batok

Die Tradition von Stammestätowierungen reicht bis weit in die vorkoloniale Zeit zurück. Es wird davon ausgegangen, dass die früheren Inselbewohner zum größten Teil stark tätowiert waren und deshalb von den Spaniern auch „Pintados“ genannt wurden, was so viel wie „die Angemalten“ heißt.
Die wohl berühmteste Tätowiererin ist Whang Od, die ihr Leben lang Krieger und Kopfjäger tätowiert hat. Whang Od (geb. 1917) gehört dem Stamm der Kalinga aus den Bergen im Norden der Philippinen an. Der Volksstamm war dafür berüchtigt, Eindringlingen

den Kopf abzuschlagen. Als Belohnung für ihre Tapferkeit erhielten die Krieger ein Tattoo. Die Tattoos werden traditionell gestochen, das heißt, die Farbe ist ein Gemisch aus Kohle und Wasser und wird mit einem Dorn vom Calamasi- oder Pomelobaum, der an einem Stock befestigt ist, unter die Haut gehämmert. Bei den Symbolen handelt es sich üblicherweise um geometrische Formen, die unter anderem Tiere darstellen.

Cockpit

Der philippinische Hahnenkampf, auch Cockpit genannt (aufgrund der Aussprache abgeleitet von Cockfight), findet meist sonntags statt. Die Kampfhähne werden von ihren Besitzern gut gepflegt, da diese erheblich die Haushaltskasse aufbessern können. Meist dauern die blutigen Gefechte nicht länger als eine halbe Minute, denn die Hähne werden fürs Töten trainiert. So wird vor dem eigentlichen Kampf sehr gut ausgewählt, welcher Hahn ein geeigneter Gegner sein könnte und welcher eher nicht. Vor dem Kampf werden auch die Wetteinsätze festgelegt. Hierfür gibt es spezielle Regularien. Erst danach kann das Publikum seine Wetten abgeben. Kurz vor dem Kampf wird von einem Experten eine etwa 10 Zentimeter lange Stahlklinge am rechten Fuß des Hahnes befestigt. Am Ende des kurzen, aber brutalen Kampfes ist meist nur noch ein Hahn am Leben. Doch auch der Gewinner benötigt im Anschluss schnelle medizinische Hilfe. Jeder Kampfhahn wird nach einem Sieg noch wertvoller, weshalb die ärztliche Versorgung eine gute Investition für zukünftige Kämpfe ist.

Sport

Neben dem Sport des Hahnenkampfes erfreuen sich vor allem Basketball und Boxen großer Beliebtheit.

Es gibt jedoch auch traditionelle Sportarten:
Arnis – Nationaler Kampfsport mit Messern, Stöcken und anderen improvisierten Waffen
Dumog – Philippinische Form des Wrestlings
Sipa – Ballsport, bei dem man versucht den Ball auf die andere Seite des Netzes zu schießen, ohne dass dieser den Boden berührt
Sikaran – Philippinische Form des Kickboxens, bei der nur die Füße verwendet werden

Jeepney

Was wären die Philippinen ohne ihre buntbemalten Jeepneys? Die Nationalfahrzeuge sind Überbleibsel der Amerikaner, die nach deren Abzug zurückgelassen wurden. Die Einheimischen haben aus den amerikanischen Jeeps Kleinbusse hergestellt, die viele Passagiere tagtäglich transportieren. Jeepneys sind aufgrund der künstlerischen Gestaltung nicht nur wunderschön anzusehen, sie sind gleichzeitig auch ein günstiges Verkehrsmittel. In den vergangenen Jahren beschloss die Regierung, die Benutzung der Jeepneys einzuschränken. So dürfen diese nur noch von professionellen Fahrern auf einer festgelegten Strecke gefahren werden.

Übrigens gibt es auf den Philippinen einen Nummernschild-Farbcode. Grüne Kennzeichen sind ausschließlich für privat genutzte Fahrzeuge. Gelbe Kennzeichen sind zugelassen zur Personenbeförderung und folglich an Taxen, Bussen, Jeepneys, Vans und Tricycles angebracht.

Außerdem gibt es an bestimmten Tagen Fahrverbote für die Hauptstadt Manila. Wann man mit dem eigenen Auto nicht nach Manila fahren darf, erkennt man an der Zahl auf dem Nummernschild.

Tricycles

Die motorisierten Dreiräder, die in vielen anderen Ländern auch TukTuk genannt werden, gehören wie die Jeepneys zum philippinischen Straßenbild. Diese Dreiräder bestehen aus einem Motorrad und einem Beiwagen, der meist seitlich oder hinten angebracht wird. Interessanterweise sehen Tricycles auf jeder Insel anders aus. Tricycles sind schnell verfügbare Transportmittel, die sich im Nahbereich großer Beliebtheit erfreuen. Anders als hier gehen Filipinos nicht gerne spazieren und verwenden selbst für kurze Strecken lieber ein Transportmittel. Tricyclefahrer kennen sich oftmals sehr gut aus und bieten auch Tagestouren zu Sehenswürdigkeiten an. Wichtig ist hierbei, dass man den Preis vor-her vereinbart, um am Ende keine böse Überraschung erleben zu müssen.

Habal-Habal

Habal-Habal könnte als eine Art Motorrad-Taxi bezeichnet werden. Diese sind besonders bei steilen und schmalen Wegen praktisch. Nicht selten sieht man auch drei oder vier Einheimische auf einem Motorrad sitzen.

Eine besonders schöne Variante findet man auf der Insel Siargao. Das Surferparadies hat sich der Leidenschaft auch bei den Transportmitteln angepasst. So wurden viele Motorräder mit Surfbrett-Ständer ausgestattet.

Geschichte

Wann genau die Geschichte der Philippinen und ihrer Bewohner begann, ist noch immer umstritten. Es wird davon ausgegangen, dass die Inselgruppe sehr lange Zeit isoliert und somit unentdeckt war. Aus diesem Grund sind vor allem die Anfänge der philippinischen Geschichte lediglich Vermutungen.
Bei den folgenden Ausführungen handelt es sich um einen kurzen geschichtlichen Überblick und nicht um einen detaillierten und vollständigen Bericht der Historie.

67.000 v. Chr.
Archäologen fanden in der Callao-Höhle in der Provinz Cagayan im Norden der Insel Luzon frühmenschliche Überreste. Der Callao-Man – oder eben auch Homo luzonensis genannt – war wohl nicht größer als 1,20 Meter. Einige Forscher gehen sogar davon aus, dass die Insel Luzon bereits seit mehr als 700.000 Jahren bewohnt ist. Dafür sprechen Werkzeugfunde und Nashornüberreste bei Ausgrabungen im Tal von Cagayan.

45.000 v. Chr.
Ähnlich wie bei den Funden auf der Insel Luzon verhält es sich mit dem sogenannten Tabon-Man, dessen Überreste 1962 in den Tabon-Höhlen auf Palawan gefunden wurden. Anders als beim Callao-Man ist man sich sicher, dass es sich beim Tabon-Man um einen Homo sapiens und nicht um einen Primaten gehandelt hat.

10.000 v. Chr.
Einige Wissenschaftler gehen davon aus, dass indigene Völker, die sogenannten Aeta, über Landbrücken vom asiatischen Festland auf die Philippinen kamen. Andere hingegen vermuten, dass es sich um Nachkommen der seefahrenden, austronesischen Nachbarvölker handelte.

Bis 10. Jh.
Die Handelsrouten wuchsen stetig. Arabische und chinesische Händler brachten exotische Waren auf die Philippinen und ließen sich nieder. Neben Waren gelangen so auch die Traditionen, Sprachen und Religionen der Händler auf den Inselstaat.

1380
Der arabische Missionar Karim al Makhdum bringt den Islam auf die Philippinen als er vom malaiischen Malakka auf die Jolo-Insel übersiedelt.

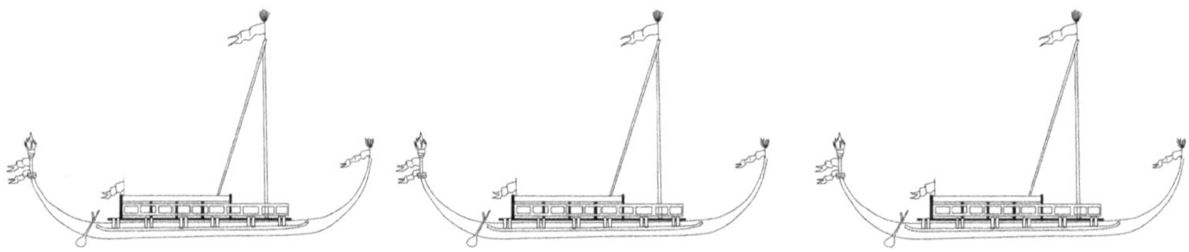

1521
Ferdinand Magellan erreicht als erster Europäer die philippinischen Inseln und nimmt diese für Spanien in Besitz. Magellan wird nur kurze Zeit später bei Auseinandersetzungen mit Einheimischen auf Mactan getötet.

1543
Trotz des Widerstandes lassen sich die Spanier dauerhaft nieder und benennen die Insel „Las Islas Felipinas“ zu Ehren des spanischen Königs Philipp II.

Ab 1565
Miguel Lopez de Legazpi zwingt den Häuptling von Cebu zu einem Abkommen, das alle Einheimischen dem spanischen Gesetz unterstellt. Dies ist der Beginn einer langen spanischen Kolonialherrschaft.

1762
Die britische Besatzung Manilas steht im kolonialen Kontext des 7-jährigen Krieges und endet 1763 mit dem sogenannten Frieden von Paris.

1872
Philippinische Soldaten rebellieren in Cavite, woraufhin spanische Soldaten die Anführer und drei Priester hinrichten. Dies ist der Beginn der Unabhängigkeitsbewegung.

1892
Dr. José Rizal gründet die Reformbewegung „Liga Filipina" und wird nach einer Verhaftung nach Mindanao verbannt. Andrés Bonifacio, einstiges Mitglied der Liga Filipina, führt den Geheimbund Katipunan an.

1896
Der Katipunan-Aufstand beginnt und die spanische Kolonialmacht verfolgt die Katipunan-Anhänger. José Rizal wird beschuldigt, Teil des Aufstandes zu sein, und wird daraufhin am 30. Dezember durch Kugeln eines Exekutionskommandos in Manila getötet.

1897
Am 1. November entsteht durch Emilio Aguinaldo die erste provisorische Republik der Philippinen, die jedoch im Ausland nicht anerkannt wird. Für das philippinische Volk ist er der erste Präsident und ein großer Nationalheld.
Beim Pakt von Biak-na-Bato, einem Abkommen mit den Spaniern, stimmt Aguinaldo zu, den Widerstand einzustellen und sich ins Exil nach Hong Kong zu begeben.

1898
Herbeigeführt durch den spanisch-amerikanischen Krieg wechseln die Philippinen den Besitzer, ebenso wie Guam und Puerto Rico gehören die Philippinen fortan den USA. Aguinaldo kehrt auf die Philippinen zurück und führt den Widerstand gegen die Amerikaner an.

1901
Der philippinische General Aguinaldo wird von den Amerikanern gefangen genommen. Das US-Militär geht brutal gegen die Revolutionäre vor.

1935
Der US-Präsident Roosevelt erkennt die philippinische Verfassung an. Manuel L. Quezón wird der erste offizielle Präsident des philippinischen Commonwealth.

1942
Die japanische Invasion zwingt 75.000 amerikanische und philippinische Soldaten sich in Bataan zu ergeben. Bei der brutalen Unterdrückung durch Japan sterben 10.000 Soldaten. Die Insel Corregidor vor Manila fällt einen Monat später.

1945
Nach vielen Kriegsverbrechen durch die Japaner gelingt 1945 die blutige philippinisch-amerikanische Zurückeroberung. Manila wird fast vollständig zerstört und rund 150.000 Zivilisten sterben.

1946
Am 4. Juli verkündet Präsident Manuel Roxas die Unabhängigkeit der Philippinen. Die wirtschaftliche Kontrolle jedoch verbleibt für die nächsten 28 Jahre bei den USA.

1965
Ferdinand Edralin Marcos wird Präsident der Philippinen. Zwischen 1972 und 1981 herrscht unter Präsident Marcos Kriegsrecht. Ein regelrechter Ausnahmezustand, denn tausende Journalisten, Lehrer und Oppositionsführer werden inhaftiert.

1986
Die EDSA-Revolution (Epifanio de los Santos Avenue – eine gewaltlose Bürgerprotestbewegung) zwingt Marcos das Land zu verlassen. Marcos flüchtet nach Hawaii und stirbt dort 1989.

1987
Die Präsidentin Corazon Aquino versucht, mit einer neuen Verfassung mehr Demokratie zu garantieren. Aufgrund von Armut und ungelösten Landreformen kommt es zu zahlreichen Putschversuchen.

1989
Bei einem Putschversuch gegen Aquino werden Ausländer in Makati als Geiseln genommen. Die US-Beteiligung vergrößert die anti-amerikanische Haltung.
Zur gleichen Zeit entsteht auf Mindanao die Terrorgruppe Abu Sayyaf.

1991
Bei einem verheerenden Ausbruch des Vulkans Pinatubo nördlich von Manila sterben mindestens 800 Menschen. Die US-Militärstützpunkte bei Clark und Subic Bay werden zerstört, woraufhin die amerikanische Militärpräsenz dauerhaft beendet wird.

1996
Islamische Separatisten des sogenannten MNLF (Moro National Liberation Front) unterzeichnen während der Amtszeit von Präsident Fidel Ramos einen Friedensvertrag. Die MILF (Moro Islamic Liberation Front) und die Terrorgruppe Abu Sayyaf unterzeichnen diesen Vertrag jedoch nicht.

1999
Die erneute Stationierung amerikanischer Truppen auf philippinischem Boden wird erlaubt. Im selben Jahr werden auf Luzon zahlreiche Terrorangriffe verübt, die rund 90.000 Menschen das Leben kosten.

2001
Präsident Estrada unternimmt erneut Versuche, gegen die MILF und die radikalen Abu-Sayyaf-Anhänger vorzugehen. Die Terrorgruppe Abu Sayyaf reagiert mit Entführungen und Bombenanschlägen.

2013
Taifun Yolanda fegt als einer der stärksten Wirbelstürme über die Philippinen und hinterlässt eine Schleuse der Zerstörung mit mehr als 6.000 Todesopfern.
Noch immer kommt es zu gewalttätigen Kämpfen und Belagerungen im Süden der Philippinen, bei denen Anhänger der MNLF immer wieder Menschen entführen.

2016
Rodrigo Duterte wird zum Präsidenten gewählt und im Rahmen seiner Antidrogenkampagne werden viele Menschen aus dem Drogenmilieu erschossen und verhaftet. Im Ausland wird sein hartes Vorgehen sehr kritisch betrachtet.

2017
Anhänger der Abu Sayyaf besetzen wochenlang die Stadt Marawi. Bei Gefechten mit dem philippinischen Militär sterben rund 1.000 Menschen.

2020
Beim Ausbruch des Taal-Vulkans werden 100.000 evakuiert. Der Flugbetrieb im 50 Kilometer entfernten Manila wird eingestellt.

2021
Beim Supertaifun Odette sterben mehr als 400 Menschen und 2,4 Millionen leiden unter den verheerenden Folgen.

2022
Ferdinand Marcos Jr., der Sohn des ehemaligen Diktators, wird zum neuen Präsidenten gewählt.

Aktuell
Das Auswärtige Amt warnt aufgrund von erhöhter Terrorismusgefahr und Entführungen vor nicht erforderlichen Reisen in den Süden des Landes. Vor Reiseantritt sollte die Gefahrenlage überprüft werden.

Die Nationalflagge
Die Flagge der Philippinen wurde in ihrer ursprünglichen Form von Emilio Aguinaldo entworfen und 1898 eingeführt.
Das Besondere an der philippinischen Flagge ist, dass sie in Friedenszeiten mit der blauen Seite nach oben, hingegen in Kriegszeiten mit der roten Seite nach oben gehisst wird.

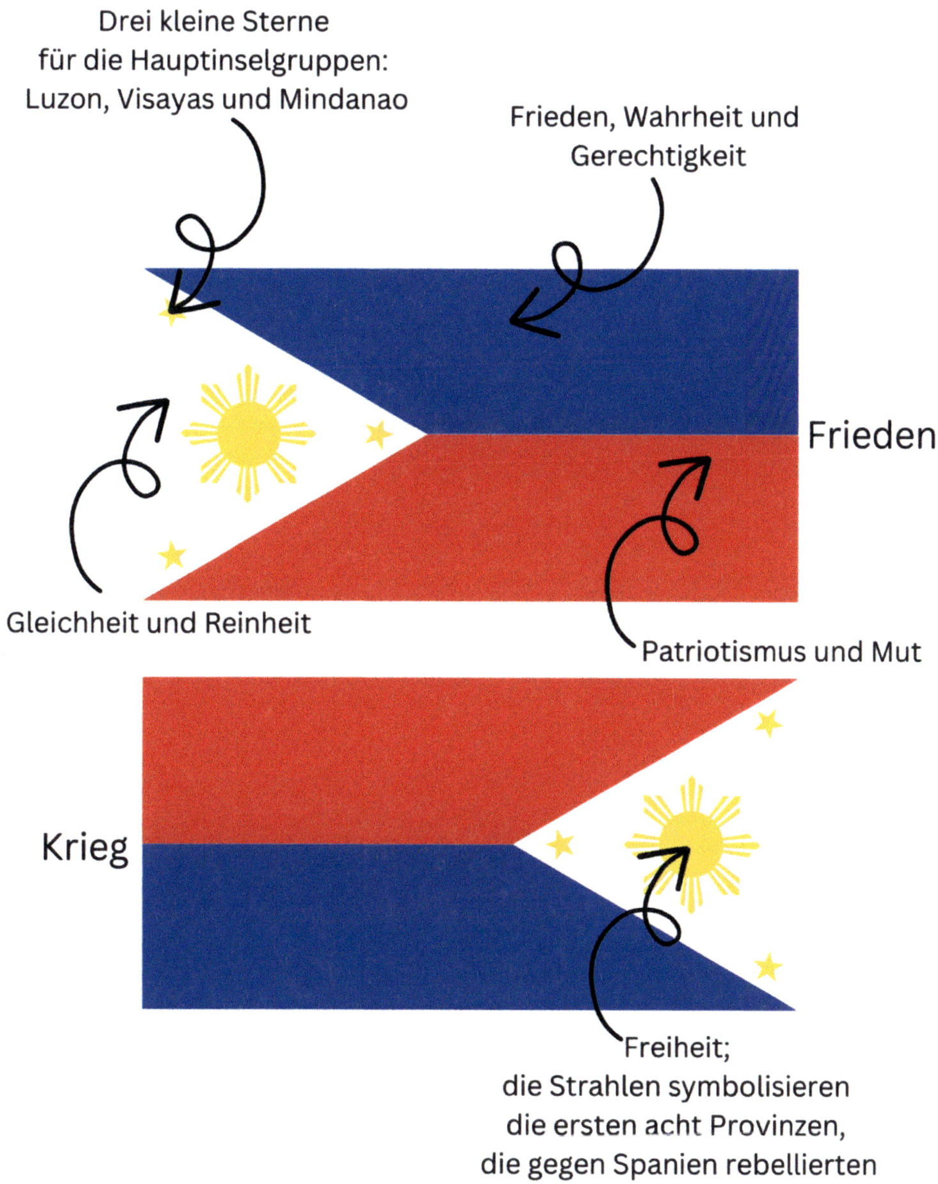

Zusammen ehren alle Symbole die frühen Filipinos, die gegen Spanien kämpften und die Unabhängigkeit erlangten.

Geschichte der philippinischen Küche

Wie bereits die Geschichte der Philippinen erahnen lässt, hat die Kolonialgeschichte einen großen Einfluss auf die Essenskultur des Landes genommen. Die internationalen Einflüsse zeichnen die philippinische Küche aus.

Egal, ob spanische oder amerikanische Einflüsse, traditionell indigene Gerichte oder durch andere asiatische Länder beeinflusste Gerichte – man kann sagen, dass die philippinische Küche einen bunten Mix aus vielen Kulturen vereint. Aber schauen wir uns die Geschichte der philippinischen Küche doch einmal genauer an:

Malaiisch-Polynesische Einflüsse

Die Anfänge der philippinischen Küche stammen von Malaien, Polynesiern und dem indigenen Volk der Aeta. Diese drei Völker sind auch verantwortlich für die wichtigste Zutat – den Reis.
Darüber hinaus brachten sie Wissen über Anbau und Kochmethoden wie dämpfen und dünsten mit.

Chinesische Einflüsse

Chinesische Händler brachten neue Zutaten auf die Inseln, die mit der Zeit von den Filipinos übernommen wurden. Zutaten wie Sojasauce, Fischsauce, Tofu, verschiedene Sprossenarten und Zitronengras sind auch in der heutigen philippinischen Küche nicht wegzudenken.

Ebenso Reis- und Glasnudeln, die für das beliebte Rezept Pancit in all seinen Variationen benötigt werden.

Spanische Einflüsse

Der portugiesische Seefahrer Ferdinand Magellan, der für die spanische Krone nach der Gewürzinsel suchte und durch den Häuptling Lapu-Lapu zu Tode kam, brachte spanische Kochmethoden und Zutaten auf den Inselstaat. Heutzutage verbinden viele Lapu-Lapu eher mit einer beliebten philippinischen Fischsorte, die zu der Gruppe der Zackenbarsche gehört, als mit dem philippinischen Helden.
Das wohl berühmteste spanische Mitbringsel ist Adobo, eine Methode, bei der Fleisch in Essig und Gewürzen konserviert wird. Doch auch schmoren und sautieren, eine kurze Anbratmethode, stammen von den Spaniern. Zu den mitgebrachten Zutaten gehörten Knoblauch, Zwiebeln, Tomaten, Kartoffeln, Mehl, Mais, Rindfleisch sowie Milch und deren Produkte. Die verwendeten Zutaten wurden den philippinischen Gegebenheiten angepasst und so entstanden immer wieder neue philippinische Gerichte. Doch noch heute sind die spanischen Rezeptnamen allgegenwärtig.

Amerikanische Einflüsse

Die Amerikaner sind verantwortlich für die zahlreichen Fastfoodketten auf den Philippinen, denn mit ihnen kamen auch Hot Dogs, Hamburger und das beliebte Brathähnchen „Fried Chicken“. Kondensmilch ersetzte frische Milch und Dosensaucen gewannen an Beliebtheit. Doch auch das Kochen mit Fertigprodukten und das Einfrieren von Lebensmitteln sind auf die Amerikaner zurückzuführen.

Über all die Jahre entstand so ein ganz eigener Mix, der die unterschiedlichen internationalen Einflüsse vereinte und die philippinische Küche schuf.

Wie man isst

Essen spielt im Leben der Filipinos eine große Rolle und bringt die Menschen zusammen. Gemeinsame Mahlzeiten stillen nicht nur den Hunger, sondern bewahren und spiegeln auch die Werte der philippinischen Kultur wider.

Die Filipinos lieben es, zu essen und dies groß zu zelebrieren. Zu Geburtstagen feiert man selten nur im engen Familienkreis, man feiert mit der ganzen Nachbarschaft. Wer es sich leisten kann, bietet eine große Auswahl an Speisen an, die nicht nur zu einer bestimmten Zeit gegessen werden, sondern den ganzen Tag über zur Verfügung stehen. Dies ist auch ein Grund, warum Filipinos selten im Restausrant feiern.

Die enge Verbundenheit untereinander und der Zusammenhalt auch mit entfernten Verwandten sind groß. Ebenso die Hilfsbereitschaft untereinander, häufig auch finanzieller Natur. Dabei spielt Essen immer eine zentrale Rolle. So ist es keine Seltenheit, dass selbst während der Totenwache oder beim Friedhofsbesuch gegessen wird.

Auch als Tourist kommt man an einer Essenseinladung kaum vorbei. „Tara, kain na tayo" bedeutet so viel wie „Lasst uns essen." Diese Einladung zum Essen geschieht nicht nur aus Höflichkeit, sondern um den Moment mit gutem Essen zu genießen. Die philippinische Gastfreundschaft ist riesig und die Lebensfreude sowie Herzlichkeit der Filipinos sind ansteckend.

Mein Buchtitel „Salu Salo" fasst dieses gesellige Zusammensein in zwei Worten zusammen und hätte treffender nicht sein können.

Die Kapitelüberschrift und die Frage nach dem „Wie“ lassen viel Spielraum zur Interpretation. Den gemeinschaftlichen und wohl wichtigsten Aspekt haben wir bereits betrachtet, schauen wir uns nun das andere WIE an.

Vor dem Essen wird in vielen Familien ein Tischgebet gesprochen bzw. in Stille gedacht.

Auf den Philippinen ist der Löffel das Hauptbesteck und wird durch eine Gabel ergänzt. Dabei hält man den Löffel in der rechten und die Gabel in der linken Hand. Messer sucht man hier vergebens. Traditionell verzichtet man sogar ganz auf Besteck und isst mit den Fingern. Diese Art zu essen nennt man „Kamayan“. Dabei wird mit der rechten Hand eine kleine Menge Reis aufgenommen, die man anschließend mit Daumen und Zeigefinger so lange an den Tellerrand drückt, bis eine Kugel entsteht, die man dann zum Mund führt bzw. in die man die anderen Speisen aufnimmt.

Eine besondere Art des Kamayan-Stils ist das sogenannte „Boodle Fight“. Hierbei wird das Essen auf einem mit Bananenblättern ausgelegten Tisch angerichtet. Reis wird häufig in der Mitte platziert und mit anderen Gerichten ergänzt. Beim Boodle Fight wird kein Besteck verwendet, sondern traditionell mit den Händen gegessen. Besonders schöne Boodle Fights findet man auf kleineren Inseln, da diese dort direkt am Strand ausgerichtet werden.

Zusammenfassend

Um nichts zu verpassen, sollte man genau hinschauen, was angeboten wird. Schließlich steckt eine Menge Arbeit dahinter.

Seinen Teller sollte man mit dem füllen, was einen anspricht und natürlich den Reis nicht vergessen.

Man sollte die verschiedenen Geschmäcker verschmelzen lassen. Filipinos glauben, dass Essen am besten schmeckt, wenn sich die unterschiedlichen Geschmacksrichtungen auf einem Teller verbinden.

Man sollte mit Genuss essen. Es gibt keine Regeln, man kann gerne auch die Hände benutzen. Ebenso kann man von salzig zu süß und wieder zurück wechseln.

Man sollte sich einen Nachschlag nehmen. Eine Portion wird nicht ausreichen.

Am Ende sollte man etwas auf dem Teller lassen, damit der Gastgeber nicht denkt, man wäre nicht satt geworden.

Man sollte sich nicht wundern, wenn zu Beginn der Mahlzeit wenig gesprochen wird. Nach dem ersten Völlegefühl geht es mit dem neuesten Klatsch, Witzen und Gelächter los.

Grundzutaten

Philippinisches Essen ist ein Mix aus süßen (matamis), salzigen (maalat), bitteren (mapait) und sauren (maasim) Komponenten.

Das wichtigste Lebensmittel ist Reis. Filipinos sind fest davon überzeugt, dass jede Mahlzeit nur mit Reis vollständig ist. „No rice, no power“ – ohne Reis ist man kraftlos und kann seine Arbeit nicht verrichten. Selbst eine vollständige Mahlzeit mit beispielsweise Nudeln oder Kartoffeln kann das nicht ändern. Die meisten Filipinos werden sagen, dass etwas fehlt und nach kürzester Zeit wieder Hunger verspüren.

In ärmeren Familien bestehen Mahlzeiten üblicherweise aus Reis und Fisch.

Bevor wir zu meinen absoluten Lieblingsrezepten kommen, werfen wir einen kurzen Blick auf die Grundzutaten, die in keiner philippinischen Küche fehlen dürfen:

Kanin/ Rice
Wie bereits erwähnt, gehört Reis in all seinen Variationen zu jeder guten philippinischen Mahlzeit. Den gekochten bzw. gedämpften Reis nennt man Kanin. Die Auswahl ist riesig und Familien kaufen Reis meist in großen Säcken oder lassen sich diesen in Behälter oder Tüten abfüllen

Während zu den Hauptmahlzeiten am liebsten eine Sorte weißer Reis genommen wird, verwendet man für süße Speisen Malagkit, eine Art Klebreis (sticky glutinous rice) oder Pinipig, eine Art Reisflocken. Selbstverständlich gibt es auch einen Reiswein, den sogenannten Buro. Die Liste mit philippinischen Wörtern rund um das beliebte Produkt Reis lässt sich ewig fortsetzen; selbst für übrig gebliebenen Reis gibt es ein eigenes Wort – „Bahaw".

Bagoong/ Shrimp or Fish Paste

Bei Bagoong handelt es sich um eine fermentierte Paste, die aus Shrimps (Bagoong Alamang) oder aus Sardellen (Bagoong Isda) besteht. Der Geruch dieser salzig herzhaften Paste ist besonders für Ausländer etwas gewöhnungsbedürftig. Filipinos verwenden Bagoong als eine Art Gewürz in gemüsebasierten Gerichten, als Sauce zum Dippen oder zusammen mit grünen Mangostücken.

Patis/ Fish Sauce

Die nächste fischbasierte Zutat ist Patis. Diese Fischsauce ähnelt Bagoong und kann anstatt dieser verwendet werden. Auch hier ist der starke Geruch gewöhnungsbedürftig. Aufgrund des salzigen Geschmackes sollte man Patis eher sparsam einsetzen.

Suka/ Vinegar

In der philippinischen Küche spielt Essig eine große Rolle. Der saure Geschmack hilft, die Lebensmittel haltbar zu machen, und wird bei vielen Rezepten eingesetzt. Außerdem kann man unter Beigabe von Sojasauce, Chili und Knoblauch eine Sauce zum Dippen herstellen.

Es gibt drei Hauptsorten: Cane Vinegar, Coconut Vinegar und Palm Vinegar. Diese Essige gibt es zusätzlich in unterschiedlichen Säuregraden und einzigartigen Geschmackskompositionen.

Toyo/ Soy Sauce

Die philippinische Variante der Sojasauce wird zum Würzen, Marinieren oder für Dips verwendet. Soy Sauce wird aus fermentierten Sojabohnen hergestellt.

Silis/ Chillies

Obwohl die philippinische Küche eher milder Natur ist, gehören Chilis zu den Grundzutaten. Man unterscheidet zwischen Siling Labuyo, einer kleinen, sehr scharfen roten oder grünen Chilisorte, und Siling Haba, einer langen, weniger scharfen Chilisorte, die meist für Schweine- und Fischgerichte eingesetzt wird, um dabei den schlechten Geruch zu entfernen.

Sibuyas at Bawang/ Onion and Garlic

Bei vielen Rezepten werden Zwiebeln und Knoblauch zum Anbraten verwendet. Zusätzlich gehören rohe Zwiebeln nicht selten in Salate und Dips.

Luya/ Ginger

Dass Ingwer eine gesundheitsfördernde Wirkung hat, ist auch auf den Philippinen bekannt. Genau aus diesem Grund erfreut sich philippinischer Ingwertee großer Beliebtheit.

Prutas/ Fruits

Die wohl berühmteste Frucht des Landes ist die philippinische Mango. Für mich definitiv die beste Frucht der Welt. Neben der süßen, gelben Mango gibt es auch noch die grüne, säuerliche Mango (Manggang Hilaw), die entweder als Snack mit Salz oder eingelegt zu Fisch gegessen wird. Weitere beliebte Früchte sind Lanzones, Atis, Rambutan (behaarte Litschi), Santol, Langka, diverse Bananensorten, Ananas, Durian (Stinkfrucht) sowie Kokosnuss und Calamansi, die aufgrund ihrer großen Bedeutung separat aufgeführt sind.

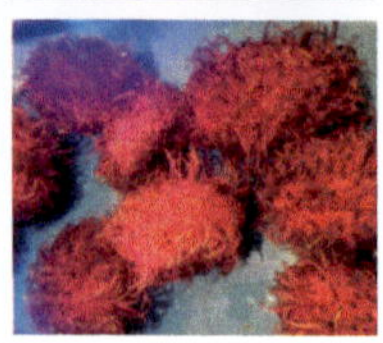

Gulay/ Vegetables
Zu den beliebtesten Gemüsesorten zählen Sayote (Chayote), Monggo (Mungobohnen), Cabbage (Kohl), Karotten, Kamatis (Tomaten), Sitaw (Bohnen), Talong (Aubergine), Kalabasa (Kürbis), Patola (Schwammkürbis), Labanos (Rettich), Kartoffeln, Kangkong (Wasserspinat) und Ampalaya (Bitter Melon).

Karne/ Meat
Die meisten Einheimischen lieben Fleisch. Während die meisten Gerichte aus Schweine- oder Hühnerfleisch bestehen, ist Rindfleisch eher ein Luxusgut, welches nicht allzu oft auf dem Teller landet. Aufgrund der Meernähe gehört Seafood selbstverständlich ebenfalls zum Grundspeiseplan.

Kalamansi/ Calamansi
Die philippinische Mini-Zitrone ist Bestandteil vieler Marinaden, Saucen zum Dippen, Gerichten, Säften und Shakes sowie Backwaren. Die würzige und aromatische kleine Frucht ist ein echter Philippinen-Bestseller und außerhalb des Landes nur schwer zu finden. Angeblich kann man diesen besonderen Geschmack durch das Mischen von Zitrone, Limette und etwas Zucker kopieren, was aber wohl nie ganz dieser einzigartigen Zutat gerecht werden wird.

Ube/ Purple Yam
Purple Yam oder eben auch Ube genannt, ist eine lilafarbene Wurzel, die hauptsächlich auf den Philippinen angebaut wird. Der Geschmack der Yamswurzel ist süßlich-nussig, weshalb sie hauptsächlich für Desserts verwendet wird. Besonders bekannt sind Ube-Eiscreme und Ube Halaya, eine Art Marmelade, die bei der berühmten Halo Halo Speise zum Einsatz kommen.

Buko/ Coconut
Kokosnüsse findet man auf den Philippinen an jeder Ecke und in den unterschiedlichsten Formen. Neben Indonesien, Indien und Sri Lanka gehören die Philippinen zu den größten Anbaugebieten. Von jungen Früchten werden der Saft und das Fleisch roh oder gekocht verzehrt. Durch die Verarbeitung der einzelnen Kokosnussbestandteile können länger haltbare Produkte wie Macapuno (Kokosnussfleisch in Sirup), Nata de Coco (Gelatinewürfel), Wasser, Milch oder Cream in Dosen erzeugt werden.

Lieblingsrezepte

~ Lechon ~

(Spanferkel)

Lechon – das philippinische Nationalgericht – wird meist zu besonderen Anlässen verzehrt. Auf den Philippinen kann man Lechon überall für größere Feierlichkeiten vorbestellen.

Bei Lechon handelt es sich um ein ganzes Schwein bzw. Ferkel, das unter anderem mit Zitronengras, Zwiebeln, Knoblauch und Tamarinde gefüllt und auf einem Spieß über dem Feuer knusprig gebraten wird. Während dieses Vorgangs, der mehrere Stunden dauert, wird das Schwein immer wieder gedreht und dabei mit einem Gemisch aus Sojasauce, Chili, Vinegar und Kokosnusswasser bepinselt.

Traditionell wird es im Ganzen auf einer Platte serviert.

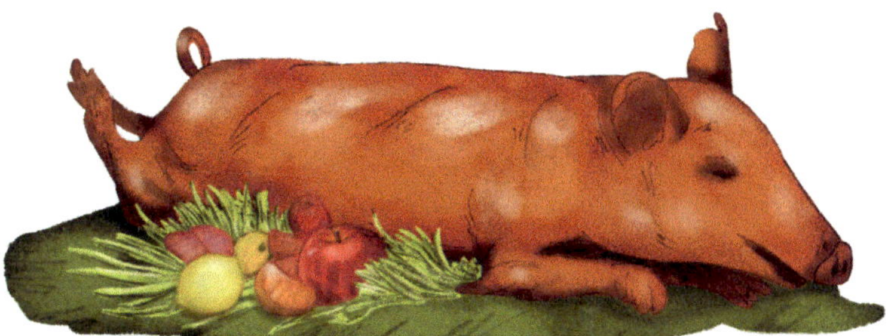

~ Lumpiang Shanghai ~

(Kleine Frühlingsrollen)

Zutaten für ca. 20 Stück:
1 große Karotte
1 Zwiebel
250 g gemischtes Hackfleisch
½ TL schwarzen Pfeffer
1 EL Sojasauce
1 TL Maisstärke
1 TL Knoblauchpulver
½ TL Salz
etw. Petersilie
1 Eigelb
1 kleine Pck. Frühlingsrollenpapier
1 Eiweiß
Öl

Die Karotte und die Zwiebel kleinschneiden und in eine große Schüssel geben.
Das Hackfleisch, die Gewürze und das Eigelb hinzugeben und alles gut mit den Händen vermischen, so dass eine homogene Masse entsteht. Die Schüssel abdecken und für eine Stunde stehen lassen.

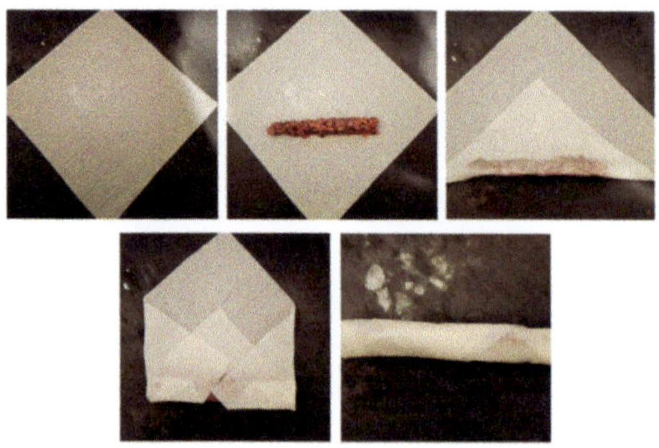

Währenddessen das Frühlingsrollenpapier voneinander trennen und auf einen Teller legen.

Nach dem Ruhen jeweils einen Esslöffel des Hackfleischgemischs auf ein Papier geben und dieses anschließend einrollen. Das Ende mit Eiweiß bestreichen und so verkleben.

Die fertigen Röllchen bei mittlerer Hitze in Öl goldgelb braten.

~ Filipino Empanadas ~

(Gefüllte Teigtaschen)

Zutaten für ca. 22 Stück:

Teig	Füllung	Eierlasur
3 ¼ Tassen Mehl	250 g gemischtes Hackfleisch	1 Ei
½ TL Salz	1 kleine Karotte	2 EL Milch
1 Tasse Butter	½ Tasse grüne Erbsen	
1 Ei	1 kleine Kartoffel	
10 EL Milch	1 Zwiebel	
	1 EL braunen Zucker	
	½ Tasse Rinderbrühe	
	¼ Tasse Sojasauce	
	etw. passierte Tomaten	
	Salz, Pfeffer	
	Nach Geschmack: Rosinen	
	Öl	

Für den Teig alle Zutaten in eine Rührschüssel geben, gut verkneten und zur Seite stellen.

Etwas Öl erhitzen. Die Zwiebeln kleinschneiden und mit dem Hackfleisch anbraten.
Rinderbrühe, Sojasauce und etwas passierte Tomaten (nach Geschmack) hinzugeben und für 10 Minuten köcheln lassen.
Währenddessen die Karotte und die Kartoffel kleinschneiden.
Erbsen, Karotten, Kartoffeln und Rosinen (nach Geschmack) in die Hackfleischmasse geben und für weitere 5 Minuten köcheln lassen. Mit Salz und Pfeffer abschmecken und kurz abkühlen lassen.

Den Teig ausrollen und mit Hilfe eines Glases Kreise formen. Mittig auf jeden Kreis etwas von der Hackfleischmasse geben und den Kreis anschließend zusammenfalten. Die Verschlussseiten mit einer Gabel zusammendrücken, damit das typische Muster entsteht.
Für die Eierlasur das Ei mit der Milch verquirlen.

Die gefüllten Halbkreise auf ein Backblech legen und mit der Eierlasur bepinseln, so dass beim Backen eine schöne Kruste entsteht.

Die Empanadas für ca. 15 Minuten bei 200° C backen.

~ Tocino ~

(Süßes Schweinefleisch)

Zutaten für 6-8 Portionen:
1 kg Schweinebauch oder Schweineschulter
¼ Tasse kaltes Wasser
1 EL Salz
½ TL Prague Powder
½ Tasse braunen Zucker
2 EL Knoblauch
1 TL rote Lebensmittelfarbe
2 EL Sojasauce
Öl

Das Schweinefleisch in dünne Scheiben schneiden und in eine verschließbare Schüssel geben.

Die restlichen Zutaten in einer Schüssel vermischen und über das Fleisch geben. Mit den Händen die Marinade etwas in das Fleisch einmassieren.

Das marinierte Schweinefleisch zugedeckt über Nacht im Kühlschrank ruhen lassen.

Am nächsten Tag etwas Öl in einer Pfanne erhitzen und das Fleisch mithilfe einer Zange in die Pfanne geben. Das marinierte Schweinefleisch zunächst für ca. 15 Minuten in einer kleinen Menge Wasser kochen und anschließend kurz von beiden Seiten anbraten.

Tocino mit Spiegelei und Sinangag servieren.

~ Tortang Talong ~

(Aubergine in Ei)

Zutaten für 4 Stück:
4 kleine Auberginen
Wasser
3 Eier
4 EL Mehl
Salz
Öl

Die Auberginen gut waschen, die Stile und Häute jedoch nicht entfernen.

Einen Topf mit Wasser füllen und die Auberginen so lange kochen, bis sie weich sind.

Die Auberginen aus dem Wasser nehmen und etwas abkühlen lassen. Mit Hilfe einer Gabel bzw. eines Messers die Haut vorsichtig ablösen und die Auberginen mit einer Gabel leicht flachdrücken.

Eier, Mehl und Salz zu einer Masse verrühren und die flachgedrückten Auberginen in die Eiermasse tauchen.

In einer Pfanne etwas Öl erhitzen und die von beiden Seiten mit Eiermasse bedeckten Auberginen goldbraun anbraten.

~ Sinangag ~
(Gebratener Knoblauchreis)

Zutaten für ca. 2 Portionen:
2 EL Öl
1 Zwiebel
3 Knoblauchzehen
1 Tasse Reis
2 Tassen Wasser
4-6 Kardamomkapseln
5-8 Nelken
Pfefferkörner

Das Öl in einem Topf erhitzen. Die Zwiebel und den Knoblauch kleinhacken. Eine Hälfte des Knoblauchs zur Seite stellen. Die andere Hälfte des Knoblauchs mit den Zwiebelstückchen anschwitzen.

Den Reis dazugeben und den Reis das restliche Öl aufsaugen lassen. Dann das Wasser hinzugeben.

Die Gewürze in ein Teesäckchen geben und ebenfalls dazugeben.
Das Ganze leicht köcheln lassen. Der Reis sollte das Wasser fast vollständig aufgesaugt haben.

Nun den restlichen Knoblauch dazugeben und warten, bis das Wasser ganz aufgesaugt ist. Den Reis danach noch ca. 10 Minuten im Topf ziehen lassen.

~ Fish Balls ~

(Fischbällchen)

Zutaten für ca. 24 Stück:
450 g weißes Fischfleisch
4 EL Maisstärke
2 TL Salz
1 TL Zucker
¼ Tasse Wasser
Öl

Das Fischfleisch in eine Küchenmaschine geben und zerkleinern. Dabei soll eine dicke Paste entstehen. Diese Fischpaste in eine Schüssel geben.

Maisstärke, Salz, Zucker und Wasser zu der Fischpaste geben und mit den Händen gut vermengen. Die Masse anschließend zu einer Kugel formen und aus der Schüssel nehmen.

Die Kugel für 10 bis 15 Minuten immer wieder in die Schüssel werfen, so dass am Ende eine glatte und glänzende Masse entsteht, die nicht mehr an der Schüssel kleben bleibt.

Nun mit einem Esslöffel eine Portion Fischpaste entnehmen und diese mit der Hand zu einer Kugel formen. Das Ganze so lange wiederholen, bis die Paste aufgebraucht ist.

In einem Topf Wasser zum Kochen bringen und die Fischbällchen hineingeben. Die Bällchen für 3 bis 5 Minuten kochen, bis diese an der Wasseroberfläche schwimmen. Mit einer Schaumkelle die oben schwimmenden Fischbällchen aus dem Wasser nehmen und abkühlen lassen.

In einer Pfanne Öl erhitzen und die Fischbällchen darin von allen Seiten goldbraun frittieren. Beim Frittieren puffen die Bällchen etwas auf. Die fertigen Fischbällchen aus dem Öl nehmen und auf einem Küchenpapier abtropfen lassen.

Nach Wunsch die Fischbällchen auf Spieße stecken und mit Soße (zum Beispiel süß-scharf oder süß-sauer) schmecken lassen.

~ Sweet & Sour Fish ~

(Fisch in süß-saurer Sauce)

Zutaten für ca. 4 Portionen:
4 EL Austernsauce
1 Pck. Pang-Gisa Gewürzmischung
1 Eiweiß
2-3 weiße Fischfilets (ohne Gräten)
½ Tasse Maisstärke
1 Tasse Öl
1 Fl. Süß-Sauer-Sauce
1 TL Austernsauce
¼ Tasse Wasser
1 EL Öl
1 TL Annatto-Pulver
1 Zwiebel
1 Paprika
½ Sellerie
1 große Karotte

In einer Schüssel 4 Esslöffel Austernsauce, die Gewürzmischung und das Eiweiß mischen.

Die Fischfilets in ca. 3 cm lange Stückchen schneiden und zu der Marinade geben. Das Ganze für mindestens 15 Minuten ziehen lassen.

Die Maisstärke auf einen Teller verteilen und nun die einzelnen Fischstücke von allen Seiten darin wenden, so dass sie von der Maisstärke komplett ummantelt sind.

Das Öl in einem Wok erhitzen und die Fischstückchen darin gold-braun frittieren.
Die frittierten Stücke aus dem Öl nehmen und auf einem Küchenpapier abtropfen lassen.
In einer Schüssel die Süß-Sauer-Sauce mit der Austernsauce und dem Wasser vermischen.

Das Öl in dem gesäuberten Wok erhitzen und das Annatto-Pulver hinzufügen.

Die Zwiebel in grobe Stückchen hacken. Die Paprika in kleine Stücke, die Sellerie in diagonale Streifen und die Karotte in dünne Scheiben schneiden. Das Gemüse in den Wok geben und für 2 bis 3 Minuten anbraten.

Langsam die Sauce unterrühren. Anschließend den frittierten Fisch hinzufügen und gut untermischen. Vom Herd nehmen und mit Reis servieren.

~ Skinless Sweet Longganisa ~

(Süßliche Wurst ohne Haut)

Zutaten für ca. 10 Stück:
1 kleine Zwiebel
4 Knoblauchzehen
250 g gemischtes Hackfleisch
4 EL braunen Zucker
1 TL Paprika edelsüß
1 TL Annatto-Pulver
1 TL Salz
1 TL schwarzen Pfeffer
1 EL Sojasauce
1 EL Maisstärke
nach Geschmack etwas Ginisa-Gewürzmischung
Frischhaltefolie
Öl

Die Zwiebel und die Knoblauchzehen kleinhacken und in eine Schüssel geben.
Alle anderen Zutaten hinzufügen und gut vermischen. Das Hackfleischgemisch zugedeckt für 1 bis 2 Stunden in den Kühlschrank stellen.

Die Frischhaltefolie in kleine Stücke schneiden und jeweils 35 g der Hackfleischmasse auf ein Stück Frischhaltefolie geben. Das Ganze zu einer Wurst formen und eng verpacken. Die Folien-Enden zudrehen. So verfahren, bis das Hackfleischgemisch aufgebraucht ist. Die gerollten Würste in den Gefrierschrank legen.

Je nach Bedarf die Würste aus dem Gefrierschrank nehmen und einzeln in eine Schüssel mit lauwarmem Wasser halten. Dabei eine Seite der Folie öffnen und die Wurst ganz vorsichtig rausdrücken.
Ca. 3 EL Wasser in eine Pfanne geben und darin die Würste zugedeckt schwitzen lassen. Nach etwa 3 Minuten die Würste vorsichtig wenden und erneut zugedeckt schwitzen lassen. Diesen Vorgang so lange wiederholen, bis das Wasser verdampft ist.

Nun 1 EL Öl dazugeben und die Würste von allen Seiten anbraten.

Skinless Sweet Longganisa mit Reis und Spiegelei servieren.

~ Chicken Adobo ~

(Eingelegte Hühnerkeulen)

Zutaten für 6 Portionen:
6 Hühnerkeulen
6 - 8 Knoblauchzehen
1 Tasse weißen Essig
½ Tasse Sojasauce
½ TL schwarzen Pfeffer
4 Lorbeerblätter
1 Dose Ananasstücke

Alle Zutaten in eine Schüssel geben und über Nacht zugedeckt im Kühlschrank ziehen lassen.

Am nächsten Tag alles in einen Bräter füllen und bei mittlerer Hitze für ca. 30 Minuten köcheln lassen.

Die Hühnerkeulen entnehmen und in einer Pfanne mit etwas Öl von allen Seiten kurz anbraten.

Anschließend ca. 1 Tasse der Brühe zu den Keulen in die Pfanne geben. Mit Reis servieren.

~ Chicken Inasal ~

(Gegrilltes Hühnchen)

Zutaten für 4 Portionen:
4 Hühnerschenkel

Marinade 1
2 EL gehackten Ingwer
2 - 3 Stangen Zitronengras
1 Tasse Kokosessig
½ Tasse Zitronensaft
1 EL Salz
¼ Tasse braunen Zucker
1 Tasse Zitronenlimonade
½ EL schwarzen Pfeffer

Marinade 2
3 EL Annatto-Öl
½ Tasse weiche Butter
¼ TL Salz
1 TL Zitronensaft
Pfeffer, Cayennepfeffer

Die Hühnerschenkel waschen und zur Seite legen.

Alle Zutaten der ersten Marinade in eine große Schüssel geben. Die Zitronengrasstangen dafür in dünne Scheiben schneiden. Die Hühnerschenkel ebenfalls in die Schüssel legen und in der Marinade wälzen. Das Ganze mindestens 3 bis 4 Stunden in den Kühlschrank stellen. Besser jedoch über Nacht ziehen lassen.

Am nächsten Morgen die zweite Marinade vorbereiten. Dafür alle Zutaten vermischen und nach Bedarf mit Pfeffer und Cayennepfeffer abschmecken.

Den Grill vorbereiten und die Hühnerschenkel darauflegen.

Während des Grillens immer wieder mit der zweiten Marinade bepinseln und solange verfahren, bis die Schenkel komplett durchgegart sind.

~ Filipino Spaghetti ~

(Süßliche Spaghetti)

Zutaten für 4-6 Portionen:
500 g Spaghetti
1-2 Knoblauchzehen
1 rote Zwiebel
Öl
4 Tassen passierte Tomaten
4 TL braunen Zucker
2-3 EL Tomatenketchup
1 Prise Ajinomoto
1 Prise Ginisa-Gewürzmischung
1 Prise Magic Sarap
Salz und Pfeffer

Die Spaghetti nach Packungsanleitung kochen.

Etwas Öl in einem Topf erhitzen. Die Knoblauchzehen und die Zwiebel hacken und im Öl andünsten.

Die passierten Tomaten und etwas Wasser hinzufügen und kurz aufkochen. Anschließend den braunen Zucker und die Gewürzmischungen unterrühren und das Ganze mit Salz und Pfeffer abschmecken.

Die Tomatensauce erneut aufkochen lassen, die Spaghetti hinzugeben und alles gut vermengen.

Nach Geschmack mit Hackfleischbällchen servieren.

~ Ginataang Hipon ~

(Garnelen in Kokosmilch)

Zutaten für ca. 4 Portionen:
2 kleine Zwiebeln
4 Knoblauchzehen
2 EL Öl
1 Dose Kokosnussmilch
500 g Garnelen
Salz und Pfeffer
2 EL Fischsauce

Die Zwiebeln und die Knoblauchzehen kleinhacken und in einem Topf mit Öl anbraten.

Mit der Kokosnussmilch ablöschen und zum Kochen bringen.

Die Garnelen mit Schale dazugeben und etwas köcheln lassen. Mit Salz, Pfeffer und Fischsauce abschmecken.

Ginataang Hipon mit Reis servieren.

~ Inihaw na Isda sa Dahon ng Saging ~

(Gegrillter Fisch im Bananenblatt)

Zutaten für 1 Portion:
1 Fisch (Tilapia, Bangus)
1 Knoblauchzehe
1 Zwiebel
½ Limette
Pfeffer, Salz und Sojasauce
1 Chilischote
2 kleine Tomaten
2 EL Öl
1 Bananenblatt

Beim Kauf den Fisch entschuppen und säubern lassen. Ebenfalls kann man sich bereits eine Öffnung von der Schwanzflosse entlang des Bauches bis zum Kopf schneiden lassen.

Die Knoblauchzehe und die Zwiebel kleinschneiden und gemeinsam mit dem Saft einer halben Limette in eine Schüssel geben. Pfeffer, Salz und Sojasauce nach Geschmack dazugeben. Die Chilischote und die Tomaten kleinschneiden und alles vermischen.

Den Fisch mit dieser Mischung füllen und von außen mit Öl bestreichen.

Nun den Fisch in ein Bananenblatt einwickeln und auf den Grill legen. Jede Seite für ca. 30 Minuten grillen. Vor dem Verzehr überprüfen, ob der Fisch vollständig durchgegart ist.

~ Ginisang Kalabasa ~

(Gebratener Kürbis)

Zutaten für ca. 4-6 Portionen:
2 Knoblauchzehen
2 kleine Zwiebeln
1 Kürbis (zum Beispiel Hokkaido, Butternut)
Öl
1 EL Fischsauce
2 rote Chilischoten
1-2 Tassen Wasser
Salz und Pfeffer
Ginisa-Gewürzmischung

Die Knoblauchzehen und die Zwiebeln kleinhacken. Den Kürbis schälen und in Würfel schneiden.

Das Öl in einer Pfanne erhitzen. Knoblauch, Zwiebeln und Kürbisstücke darin anbraten.

Die Fischsauce, die kleingeschnittenen Chilischoten und das Wasser dazugeben. Zugedeckt köcheln lassen, bis die Kürbisstückchen weich sind.

Am Ende mit Salz, Pfeffer und Ginisa abschmecken.

Mit Reis servieren.

~ Pancit Bihon ~

(Asiatische Nudeln)

Zutaten für ca. 4 Portionen:
Öl
400 g Shrimps (wahlweise auch Schweine- oder Rindfleisch)
1 Zwiebel
1 ½ Tassen Hühnerbrühe
1 EL Sojasauce
2 Karotten
1 Tasse grüne Bohnen
Kaiserschoten nach Belieben
3 Blätter Chinakohl
200 g Pancit Nudeln (Glas- und / oder Reisnudeln)
Salz und Pfeffer
1 Limette

Etwas Öl in einem Wok erhitzen. Die Shrimps von Köpfen und Schale befreien und gemeinsam mit der gehackten Zwiebel von beiden Seiten anbraten.

Langsam die Hühnerbrühe und die Sojasauce dazugeben und aufkochen lassen. Nun mit einer Schöpfkelle die Shrimps und die Zwiebeln herausnehmen.

Die Brühe nochmals aufkochen. Karotten, Bohnen, Kaiserschoten und Chinakohl in dünne Streifen schneiden und zur Brühe geben. Das Gemüse bissfest garen, dann ebenfalls herausnehmen und zur Seite stellen.

Nun die Nudeln in die Brühe geben und nach Packungsanleitung bei mittlerer Hitze weichkochen.

Sobald die Nudeln fertig sind, die Shrimps und das restliche Gemüse wieder dazugeben und gut untermengen. Mit Salz und Pfeffer abschmecken und mit einer Limette servieren.

~ Adobong Mani ~

(Knoblauch-Erdnüsse)

Zutaten für 500 g:
8-10 Knoblauchzehen
3-4 EL Öl
500 g Erdnüsse mit Schale
2 TL Salz

Die Knoblauchzehen in dünne Scheiben schneiden.

Das Öl in einer Pfanne erhitzen und die Knoblauchscheiben darin goldbraun anbraten.

Die Knoblauchscheiben aus dem Öl nehmen und auf einem Küchenpapier zur Seite stellen.

Nun die Erdnüsse in dem Knoblauchöl unter Rühren für ca. 10 Minuten anbraten.

Am Ende die Knoblauchscheiben dazugeben und die Mischung auf einem Küchenpapier abtropfen lassen.

Die Knoblauch-Erdnüsse in eine Schüssel geben und salzen.

~ Pan de Sal ~

(Philippinische Brötchen)

Zutaten für ca. 20 Stück:
1 Pck. Trockenhefe
½ Tasse Zucker
1 ¼ Tassen warme, frische Milch
2 Tassen Mehl
2 Tassen Brotmehl (Weizen: 812, 1050, 1060 oder Roggen: 815, 997, 1150)
1 TL Backpulver
1 TL Salz
1 Ei
5 EL geschmolzene Butter
1 EL Öl
1 Tasse Paniermehl

Die Hefe und den Zucker in die warme Milch geben und so lange rühren, bis sich der Zucker aufgelöst hat.

Das Mehlgemisch mit dem Backpulver und dem Salz in eine Schüssel geben und vermischen.

Das Ei, die geschmolzene Butter, das Öl und die Hefemischung dazugeben und zu einem glatten Teig kneten. Den Teig zu einer Kugel formen und zugedeckt für 1 Stunde gehen lassen.

Den Teig in vier Portionen teilen und jeweils zu einer Rolle formen. Jede Rolle in gleichgroße Stücke schneiden.

Das Paniermehl auf der Arbeitsfläche verteilen und die Teigstücke darin wenden.

Die Brötchen mit etwas Abstand auf ein Backblech mit Backpapier setzen und dort weitere 15 Minuten gehen lassen.

Die Brötchen bei 180°C Ober-/ Unterhitze für ca. 15 Minuten backen.

Pan de Sal schmecken warm besonders gut.

~ Pan de Coco ~

(Kokosbrötchen)

Zutaten für ca. 16 Stück:

Füllung	Teig	Eistreiche
1 Tasse Kokosraspeln	3 ½ Tassen Brotmehl (1050)	1 Ei
1 Tasse braunen Zucker	3 EL Milchpulver	1 EL Milch
½ Tasse Wasser	1 ½ EL Zucker	
3 EL Butter	1 großes Ei	
	2 TL Trockenhefe	
	1 Tasse lauwarmes Wasser	
	3 EL weiche Butter	
	¼ TL Salz	
	½ EL Vanilleextrakt	

Bei Verwendung einer frischen Kokosnuss Raspeln erzeugen. Für die Füllung den braunen Zucker und das Wasser in einen Topf geben und bei mittlerer Hitze rühren, bis eine stickige Masse entsteht. Kokosraspeln unterrühren. Ebenso mit der Butter verfahren. Den Topf vom Herd nehmen und die Masse abkühlen lassen.

Für den Teig währenddessen Mehl, Milchpulver und Zucker in eine Rührschüssel geben und vermischen. Die Hefe mit dem lauwarmen Wasser aktivieren und dann gemeinsam mit dem Ei dazugeben. Das Ganze gut verrühren, bevor die restlichen Zutaten hinzugefügt werden. Den Teig an einem warmen Ort gehen lassen.

Aus dem aufgegangenen Teig ca. 16 kleine Bällchen formen, mit dem Daumen eine Kuhle hineindrücken und jeweils 2 EL Füllung in die Mitte geben. Anschließend verschließen und wieder rund formen. Die fertigen Bällchen auf ein Backblech setzen und für weitere 15 Minuten gehen lassen.

Den Backofen auf 180° C Ober-/ Unterhitze vorheizen.

Für die Ei-Streiche das Ei schlagen und die Milch hinzufügen.

Die Bällchen mit der Ei-Streiche abglänzen und anschließend mit einer Gabel einstechen.

Für ca. 20 Minuten im vorgeheizten Ofen backen.

~ Buchi ~

(Sesamkugeln mit Füllung)

Zutaten für ca. 16 Stück:
1 ½ Tasse Klebreismehl
¾ Tasse warmes Wasser
1 Tasse Rote Bohnenpaste
ggf. etw. Zucker
Sesamsamen
Öl

Das Klebreismehl mit dem warmen Wasser vermischen und eine Kugel formen. Diese Kugel in ca. 16 gleichgroße Stücke teilen und daraus jeweils eine kleine Kugel formen.

Mittig mit dem Finger oder einem kleinen Portionierlöffel eine Kuhle formen und dort etwas von der Bohnenpaste hineingeben. Sollte die Bohnenpaste nicht süß genug sein, kann man dieser nach Geschmack noch etwas Zucker beifügen.
Vorsichtig den Teig am Rand der Kuhle nach oben schieben, um die Kuhle wieder zu verschließen. Nun die Kugel zwischen beiden Händen vorsichtig rollen und so eine schöne Kugel formen.

Die Sesamsamen in eine kleine Schüssel geben und die fertigen Kugeln darin rollen, so dass alle Seiten mit einem Sesammantel bedeckt sind.

Das Öl in einem Topf erhitzen und die Sesamkugeln für ca. 2 bis 3 Minuten goldbraun frittieren. Die fertigen Buchi mit einer Schöpfkelle aus dem Öl nehmen und auf einem Küchenpapier abtropfen lassen.

~ Butterscotch ~

(Butterscotch-Riegel)

Zutaten für ca. 12 Stück:
½ Tasse Butter
1 Tasse braunen Zucker
2 Eier
½ Tasse Mehl
1 EL Backpulver
1 TL Salz
1 TL Vanilleextrakt
½ Tasse gehackte Cashewkerne oder eine andere Nusssorte (optional)

Butter und Zucker in einen Topf geben und bei niedriger Temperatur zum Schmelzen bringen. Die Mischung vom Herd nehmen und abkühlen lassen.

Die Eier zum Butter-Zucker-Gemisch geben und mit einem Schneebesen gut vermischen. Mehl, Backpulver, Salz und Vanilleextrakt ebenfalls hinzufügen und das Ganze zu einem schönen Teig verrühren.
Optional die gehackten Cashewkerne beigeben und alles erneut vermischen.

Eine Brownieform (20 cm × 20 cm) oder ein hohes Backblech mit Backpapier auslegen und den Teig darauf verteilen. Bei der Variante mit Nüssen kann optional ein Teil der Nüsse über den Teig gestreut werden.

Die Masse bei 180° C Ober-/ Unterhitze für 20 bis 30 Minuten backen und anschließend zum Abkühlen auf ein Gitter stürzen. Den abgekühlten Teig in Riegel schneiden.

~ Cassava Cake ~

(Maniok-Kuchen)

Zutaten für 1 Blech:

Teig
450 g geriebener Cassava (Maniok)
¼ Tasse weiche Butter
⅓ Tasse Kondensmilch
2 Eier
7 EL Zucker
3 EL geriebener Cheddarkäse
⅓ Tasse gezuckerte Kondensmilch
1 Tasse Kokosnussmilch

Belag
1 EL Mehl
1 EL Zucker
⅓ Tasse gezuckerte Kondensmilch
1 EL geriebener Cheddarkäse
1 Tasse Kokosnussmilch
1 Eiweiß

Alle Zutaten für den Teig (bis auf die Kokosnussmilch) in eine Schüssel geben und gut vermischen. Am Ende mit der Kokosnussmilch erneut vermengen.

Ein hohes Backblech (zum Beispiel 28 cm × 21 cm) einfetten und den Teig einfüllen.

Bei 175° C Ober-/Unterhitze für ca. 1 Stunde backen.

Für den Belag in der Zwischenzeit Mehl und Zucker in einer Pfanne erhitzen. Die gezuckerte Kondensmilch hinzugeben und alles miteinander verrühren. Nun den Cheddarkäse beifügen und unterheben. Am Ende die Kokosnussmilch hinzugießen und die Masse für 10 Minuten unter ständigem Rühren erwärmen.

Das Blech aus dem Ofen nehmen und den Belag gleichmäßig auf dem fertigen Teig verteilen. Am Ende noch mit dem Eiweiß bestreichen.

Den Kuchen nun mit der Grillfunktion des Backofens so lange backen bis der Belag leicht braun ist.

Nach Belieben vor dem Servieren noch mit etwas Cheddarkäse verzieren.

~ Filipino Butter Cookies ~

(Philippinische Butterplätzchen)

Zutaten für ca. 60 Stück:
3 ½ Tassen Mehl
1 TL Backpulver
1 ½ Tassen weiche Butter
1 Tasse Zucker
1 Ei
2 EL Milch
Aroma-Extrakte: Ube Purple Yam, Pandan und Mango

Mehl und Backpulver in einer Schüssel vermengen. Butter und Zucker verrühren. Das Ei und die Milch hinzufügen. Langsam das Mehl unterrühren.

Für die unterschiedlichen Geschmacksrichtungen den Teig in drei Portionen teilen. Zu jeder Portion einen Teelöffel eines Aroma-Extraktes dazugeben und erneut verrühren.

Mithilfe einer Keksmaschine Plätzchen auf ein Backblech pressen – nach Wunsch für jede Geschmackrichtung mit einem anderen Aufsatz.

Die Plätzchen bei 180° C Ober-/ Unterhitze für 10 bis 12 Minuten backen. Am Ende sollten sie leicht goldbraun sein.

~ Polvoron ~
(Milchplätzchen)

Zutaten für ca. 30 Stück:
2 Tassen Mehl
1 Tasse Milchpulver
1 Tasse Zucker
¾ Tasse weiche Butter
1 TL Vanilleextrakt

Das Mehl in einer Pfanne bei mittlerer Hitze für ca. 10 Minuten leicht braun rösten und anschließend in eine Schüssel geben.

Milchpulver, Zucker, weiche Butter und Vanilleextrakt hinzufügen und gut vermischen. Diese Masse für 30 Minuten ruhen lassen.

Nach der Ruhezeit die Masse nach und nach in einen Polvoronmolder pressen und anschließend rausdrücken. So entsteht die typische Form. Mit dem restlichen Gemisch weiter so verfahren, bis es aufgebraucht ist.

Die fertigen Polvoron auf Wunsch in Zellophanpapier oder Ähnlichem einwickeln.

~ Espasol ~

(Rohrreis-Kuchen)

Zutaten für ca. 18 Stück:
3 ½ Tassen Klebreismehl
3 Tassen Kokosnussmilch
2 Tassen Zucker
1 ½ Tassen Kokosraspeln
1 EL Vanilleextrakt

Das Klebreismehl in einer Pfanne rösten bis es leicht braun ist. Eine halbe Tasse von dem gerösteten Klebreismehl zur Seite stellen.

Die Kokosnussmilch in einem Topf zum Kochen bringen. Den Zucker hinzugeben und für 10 Minuten rühren. Kokosraspeln in einer Pfanne rösten und anschließend zum Kokosnuss-Zucker-Gemisch geben. Gemeinsam für weitere 5 Minuten kochen.

Das geröstete Klebreismehl und Vanilleextrakt hinzufügen und die Masse für 40 bis 60 Minuten unter ständigem Rühren andicken lassen. Solange verfahren, bis sich die Masse falten lässt. Die Masse vom Herd nehmen und abkühlen lassen.

Das zur Seite gestellte Klebreismehl auf der Arbeitsfläche verteilen. Die abgekühlte Masse in Portionen teilen und in dem Klebreismehl rollen. Überschüssiges Klebreismehl abschütteln. Die kleinen Röllchen nach Wunsch in Papier einwickeln oder auf einem Teller anrichten.

~ Mango Sago ~

(Mango-Tapioka-Pudding)

Zutaten für ca. 6 Portionen:
2 Tassen Wasser
¼ Tasse kleine Tapiokaperlen
5 Mangos oder alternativ Mangopüree
½ Tasse Kondensmilch
¼ Tasse Zucker

Das Wasser zum Kochen bringen. Die Tapiokaperlen dazugeben und für 7 bis 10 Minuten köcheln lassen. Dabei immer wieder umrühren. Vom Herd nehmen und zugedeckt stehen lassen, bis die Tapiokaperlen transparent sind.

Die Perlen in ein Sieb schütten und mit kaltem Wasser abspülen, um die restliche Stärke zu entfernen. Zum Abkühlen zur Seite stellen.

Die Mangos schälen, eine für die spätere Garnitur zur Seite legen. Die restlichen vier in einen Mixer geben und gemeinsam mit der Kondensmilch und dem Zucker zu einer dicken Masse pürieren.

Das Mangopüree mit den Tapiokaperlen vermischen und auf Dessertgläser verteilen. Bis zum Verzehr im Kühlschrank abkühlen lassen. Vor dem Servieren noch mit der Mango garnieren.

~ Turon ~

(Bananenrolle)

Zutaten für 4 Stück:
1 kleine Pck. Frühlingsrollenpapier
2 reife Bananen
3 TL braunen Zucker
1 Dose Jackfrucht
Milch oder Wasser
Öl

Die Frühlingsrollenblätter vorsichtig voneinander trennen und zur Seite legen.

Die Bananen halbieren und in braunem Zucker wenden.

Jeweils ein Bananenstück und ein Stück Jackfrucht mittig auf ein Frühlingsrollenpapier legen und dieses nun vorsichtig zusammenrollen. Dabei die Enden mit etwas Milch oder Wasser versiegeln. So lange fortfahren, bis keine Bananenstückchen mehr übrig sind.

Das Öl in einer Pfanne erhitzen und die Rollen darin kurz frittieren. Die Bananenrollen aus dem Öl nehmen und auf einem Küchenpapier abtropfen lassen. Noch heiß servieren.

~ Ube Ice Cream ~

(Ube-Eis)

Zutaten für ca. 6 Portionen:
1 ½ Tassen gezuckerte Kondensmilch
1 TL Vanilleextrakt
2 EL Ubepulver
1 ½ Tassen Sahne

Die gezuckerte Kondensmilch mit dem Vanilleextrakt und dem Ubepulver in einer Schüssel vermischen.

In einer zweiten Schüssel die Sahne steifschlagen.

Die Sahne langsam unter die Kondensmilch-Mischung heben. Die Masse umfüllen und für mindestens 5 Stunden im Gefrierfach lassen.

Die Eismasse dann nach Belieben portionieren.

~ Halo Halo ~

(Mischmasch-Eis)

Zutaten für 6 Portionen:
4 Tassen Milch
1 Glas Halo Halo Mix
1 Glas Macapuno
1 Glas Nata de Coco rot
1 Glas Nata de Coco weiß
1 Glas Kaong
1 Glas Saba
Wackelpudding rot und grün
1 Pck. Kondensmilch
Selbstgemachtes Ube-Eis (siehe Rezept)
etw. Pinipig (Puffreis) o. ä.

Die Milch in einer Schüssel über Nacht ins Gefrierfach stellen.

Sechs große Gläser bereitstellen und den Halo Halo Mix darauf verteilen.

So auch mit Macapuno, Nata de Coco, Kaong, Saba und dem Wackelpudding verfahren.

Die gefrorene Milch auf die Gläser verteilen und mit Kondensmilch übergießen.

Mit einem Eisportionierer für jedes Glas eine Kugel Ube-Eis formen und auf die gefrorene Milch setzen.

Nun noch mit Pinipig und nach Belieben mit anderen Streuzutaten verzieren.

HALO-HALO

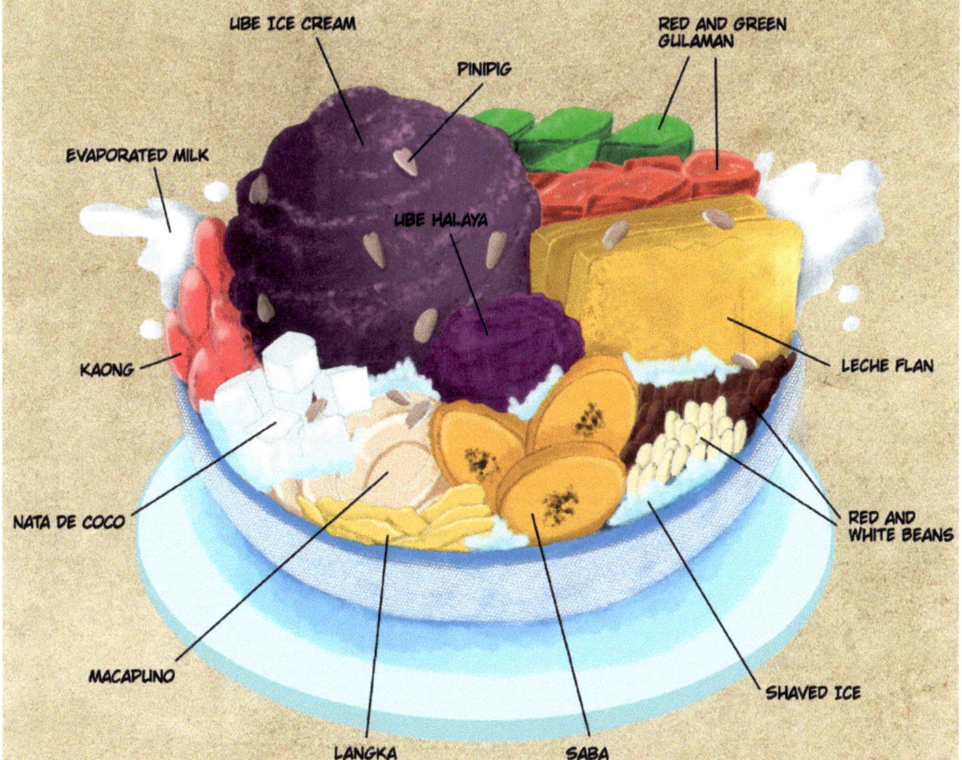
UBE ICE CREAM
RED AND GREEN GULAMAN
PINIPIG
EVAPORATED MILK
UBE HALAYA
KAONG
LECHE FLAN
NATA DE COCO
RED AND WHITE BEANS
MACAPUNO
SHAVED ICE
LANGKA
SABA

~ Mango Shake ~

(Mango-Shake)

Zutaten für ca. 2 Portionen:
½ Tasse Wasser
⅓ Tasse Zucker
2 gelbe philippinische Mangos
½ Tasse Kondensmilch
2-3 Eiswürfel

Das Wasser und den Zucker in einen Topf geben und zum Kochen bringen. Auf niedrigster Stufe für weitere 3 bis 5 Minuten köcheln lassen, so dass sich der Zucker vollständig auflösen kann. Den Sirup abkühlen lassen.

Die Mangos schälen und das Fruchtfleisch kleinschneiden.

Den Sirup, die Mangostückchen, die Kondensmilch und die Eiswürfel in einen Mixer geben und alles cremig mixen.

Die Schulkinder von Cabilao

Das Projekt „Hilfe für Schulkinder auf Cabilao“ wurde 2020 von Michael Malchow ins Leben gerufen.
Cabilao gehört zur Region Visayas und zählt mit knapp 8 Quadratkilometern eher zu den kleineren Inseln der Philippinen. Auf Cabilao leben circa 3.500 Menschen. Bekannter ist die größere Nachbarinsel Bohol, die bei internationalen Touristen aufgrund zahlreicher Attraktionen, wie Chocolate Hills, Loboc River, Tarsier Sanctuary und Panglao Beach, um nur einige zu nennen, bekannt ist.

Michael fielen nach seiner Auswanderung vor allem die vielen armen Kinder auf der Insel auf, die oftmals gar nicht oder nur unregelmäßig die Schule besuchten.
Der Schulbesuch ist zwar – wie in Deutschland – zumindest bis zur 5. Klasse kostenlos, hinzukommen aber jährliche Gebühren für Schuluniform und Schulmaterial.

Arbeit gibt es auf der kleinen Insel kaum, weshalb viele Familien vom Fischen leben. Die gefangenen Fische werden mit etwas Glück an die umliegenden Resorts verkauft.

Eine private Gruppe rund um Michael Malchow hat es sich zur Aufgabe gemacht, einigen Familien auf der Insel zu helfen. Inzwischen wird so 25 Kindern der regelmäßige Schulbesuch ermöglicht. Zusätzlich sind die Kinder und ihre Familien krankenversichert und werden mit Lebensmitteln versorgt. Zum Geburtstag bekommt jedes Kind außerdem ein komplettes Kleidungspaket geschenkt. Der monatliche Beitrag einer Patenschaft beläuft sich aktuell auf 26 Euro.

Taifun Odette hat im Dezember 2021 heftige Spuren auf Cabilao hinterlassen und viele Häuser wurden vollständig zerstört. Aus zusätzlichen Spendengeldern wurden einige Baumaterialien und ein Generator finanziert.

Das Projekt „Hilfe für Schulkinder auf Cabilao“ ist niedrigschwellig, das heißt von den Familien wird es in minimalem Aufwand genutzt, ist leicht und unbürokratisch. Um all dies weiterhin gewährleisten zu können, sind mehr Spenden erforderlich. So werde auch ich das Projekt von Michael Malchow mit jedem verkauften Buch unterstützen.

Freiwillige Spenden sind jederzeit herzlich willkommen.

Über Paypal: kindercabilao@gmail.com
Per Banküberweisung: DE 06 5095 0068 0002 3038 81 (Wolfgang Noe)
>>> Verwendungszweck: Kinder Cabilao <<<

Wer darüber hinaus Interesse an einer Patenschaft hat, darf mich gerne per E-Mail oder über die gängigen Social-Media-Kanäle kontaktieren. Ich stelle dann den Kontakt zu Michael Malchow her.